Egon Rehm

Volkstümliches Figurenschnitzen
für Einsteiger

Nach Vorlagen
Schritt für Schritt
zum Erfolg

Augustus Verlag

Die Deutsche Bibliothek
– CIP-Einheitsaufnahme
Volkstümliches Figurenschnitzen für Einsteiger: nach Vorlagen Schritt für Schritt zum Erfolg / Egon Rehm (Fotogr.: Dieter Knoblauch). - Augsburg: Augustus-Verlag, 1994
ISBN 3-8043-0188-6

Der Autor bedankt sich bei allen, die am Zustandekommen dieses Werkes beteiligt waren. Dieser Dank geht insbesondere an den Fotografen Dieter Knoblauch und an meinen früheren Kollegen Manfred Frenzel für seine Mitarbeit.

Die im Buch veröffentlichten Ratschläge wurden von Verfasser und Verlag sorgfältig erarbeitet und geprüft. Eine Garantie kann dennoch nicht übernommen werden, ebenso ist eine Haftung des Verfassers bzw. des Verlages und seiner Beauftragten für Personen-, Sach- und Vermögensschäden ausgeschlossen.

Fotografie: Dieter Knoblauch, Annaberg-Buchholz
Lektorat: Manfred Braun
Fachliche Beratung: Cornelia Rapp, Denklingen

Umschlaggestaltung:
Christa Manner, München unter Verwendung eines Fotos von Dieter Knoblauch.
Layout: Anton Walter, Gundelfingen

AUGUSTUS VERLAG AUGSBURG 1994
© Weltbild Verlag GmbH, Augsburg

Satz: Gesetzt aus 9,5 Punkt Palatino Roman in Quark-X-Press von Walter Werbegrafik, Gundelfingen
Reproduktion: Color Line, I-Verona
Druck und Bindung: Appl, Wemding

gedruckt auf 120 g umweltfreundlich elementar chlorfrei gebleichtes Papier.

ISBN 3-8043-0188-6
Printed in Germany

Inhalt

Vorwort
des Verlages

»Volkstümliches Figurenschnitzen für Einsteiger« ist entstanden aus der Arbeit an der Schnitzerschule in Annaberg-Buchholz im Erzgebirge.

Jahr für Jahr lassen sich dort viele interessierte Männer und auch Frauen in einem Hobby ausbilden, das in dieser schönen Landschaft bereits eine lange Tradition zu einer Zeit entwickelt hat, als das Wort »Hobby« bei uns noch nicht geläufig war.

Feierabendschnitzer nannten sie sich dort und dieser Begriff ist in dieser Region auch in unserer Zeit noch gebräuchlich. An langen Winterabenden saß und sitzt man teilweise auch heute noch in sogenannten Schnitzzirkeln zusammen, um Schwibbögen, Engelsfiguren und Bergleute - teilweise vorgedrechselt - und nicht zuletzt die volkstümlichen Figuren aus dieser waldreichen Region zu schnitzen: Förster, Waldarbeiter, Pilzsucher und Kräutersammlerinnen, also alles solche Menschen, die ihr meist kärgliches Brot aus und mit dem Wald verdienten.

Schnitzen nach diesem Buch heißt, solche Figuren zu entwickeln aus den Vorlagen in Originalgröße und auf die beschriebenen Hölzer zu übertragen, dann das überflüssige Holz so abzutragen wie es beschrieben bzw. an einigen Figuren Schritt für Schritt gezeigt wird.

Erzgebirgische Tradition sieht unter anderem vor, daß die Oberfläche solcher Figuren nicht nur naturbelassen bleibt, sondern auch farbig gefaßt – also bemalt – genauer gesagt, farbig lasiert wird.

Üben Sie Ihre Fertigkeiten beim Nacharbeiten dieser Figuren - ausgehend vom Rundholz, an dem ohne Vorzeichnung frei geschnitzt wird, bis zum anspruchsvollen Schnitzen aus dem Kantholz, auf dem die Umrisse der Figuren vorher aufgezeichnet wurden.

Als kleiner Meister sind Sie dann zu bezeichnen, wenn Sie je nach Wohnort in diesem Stile vielleicht die Obstfrau vom Münchner Viktualienmarkt, die Viehverkäuferin in Altona oder den betagten Kapitän aus Rügen auf Ihr Kantholz entwerfen und so echt herausgeschnitzt haben, wie es der Autor, ein angesehener Schnitzer und Lehrer aus dem Erzgebirge, an seinen Figuren zeigt.

Zwei der beliebtesten Motive volkstümlichen Schnitzens: der Jäger und der historische Nachtwächter, wie er in einigen deutschen Städten der Touristen wegen – noch oder wieder – zu Hause ist.

Material Holz

Was muß der Schnitzer über sein Material Holz wissen, um Fehler zu vermeiden und woher bekommt er ein gutes Stück Holz für seine Arbeit?

Holz ist ein organisch gewachsener Werkstoff und hat bestimmte Eigenschaften, die das Schnitzen beeinflussen. Es läßt sich meistens in Wuchsrichtung besser bearbeiten als quer zur Faser. Mit diesen Besonderheiten wird jeder schon bei den ersten Schnitzversuchen konfrontiert. Man muß sich zuerst das Gefühl für das Holzgefüge erarbeiten. Dazu muß konzentriert am Holz geübt werden, wie das Werkzeug geführt werden muß, um den gewünschten Schnitt zu erhalten. Der Schnitzer sagt dazu, man muß das »Gefühl« für das Holz bekommen. Das ist sehr wichtig, denn Holz läßt sich nicht vergewaltigen, der Schnitzer muß sich der Struktur des Holzes anpassen, um zu vermeiden, daß sich an unerwünschter Stelle Teile abspalten oder der Schnitt nicht sauber wird.

Ein weiterer ganz wichtiger Aspekt: Holz ist nie tot, es arbeitet auch noch nach Jahrzehnten. Es kann durch Temperaturänderung, Belastungen und Feuchtigkeit schrumpfen, quellen, sich biegen und reißen. All das ist zu berücksichtigen, wenn man ein Stück Holz sucht, aus dem eine Figur geschnitzt werden soll. Wie kommt man zu seinem Schnitzholz? Die preiswerteste Methode ist es, sich sein Holz selbst aufzubereiten. Dazu braucht man etwas Geschick, Werkzeug und auch einen Platz im Garten, auf der Terrasse oder einem großen Balkon, wo man das Holz lagern kann.

Vielleicht können Sie irgendwo Stammholz auftreiben, sei es z.B. vom Nachbarn oder einer Gartenbaufirma. Der Stamm und die starken Äste müssen dann auf dem Kern mit einem Keil aufgespalten werden (siehe Zeichnung). Sie erhalten zuerst einen sogenannten Halbstamm. Wenn das Holz dick genug ist, wird nochmals gespalten; sie haben dann Viertelstämme. Damit ist die Gefahr des Reißens schon weitgehend unterbunden. Das Trennen der Stämme kann auch mit einer Kreis- oder Bandsäge erfolgen. Nicht zu kurze Stücke verwenden, mindestens 1 m lang. Die Stirnseiten decken Sie mit Leim, Wachs oder alter Farbe ab, um Hirnrisse zu vermeiden.

Die gespaltenen Holzstücke werden möglichst im Freien, aber geschützt vor Sonne und Regen gelagert.

Lagerzeit bis zur Verarbeitung: mindestens 3 Jahre. Wenn Sie nicht solange warten wollen, können Sie einen Teil des Holzes in Kantel schneiden bis ca. 60 x 60 mm Seitenlänge und an einem warmen Ort trocknen, dann ist das Holz schon

Falls Sie an Stammholz herankommen, spalten Sie es möglichst bald, um die Gefahr durch Reißen zu unterbinden. Zum Spalten arretieren Sie den runden Stamm, damit er nicht wegrollt.
Die Stirnseiten des Holzes werden zum Schutz mit Leim, Wachs oder alter Farbe abgedeckt. Die Zeichnungen zeigen das Spalten in Halb- und Viertelteile.

Lagerung des gespaltenen Holzes an einem trockenen Platz. Die unterste Lage wird auf Latten gelegt, um die Luftzirkulation zu gewährleisten.

nach einigen Wochen verarbeitungsfähig. Voraussetzung für diese Art der Holzaufbereitung ist allerdings, daß der Baum im Spätherbst oder im zeitigen Frühjahr gefällt wurde, denn solange der Baum im vollen Saft steht, ist das Holz zum Schnitzen nicht brauchbar.

Sie können sich auch preiswert Pfosten von ca. 80 bis 100 mm Dicke aus einem Sägewerk besorgen, oder Sie versuchen, bei einem Bildhauer oder einem Drechsler ein Stück zu bekommen. Erkundigen Sie sich aber vorher, wie lange das Holz schon gelagert ist. Sie ersparen sich viel Ärger, wenn Sie nur abgelagertes Holz verwenden.

Die dritte und einfachste, aber auch teuerste Art der Holzbeschaffung ist der Kauf bei einem einschlägigen Versandhaus oder Bastel- und Hobbymarkt. Das Holz ist dann einwandfrei und sehr gut hergerichtet, aber nicht billig, und es wäre schade, wenn Sie am Anfang viel investieren, obwohl Sie noch nicht sicher sind, ob Ihnen die erste Figur gelingt. Liegt doch ein eigener Reiz darin, sich das Holz selbst aufzubereiten und daraus eines Tages eine Figur zu schnitzen.

Also: niemals frisches Holz verwenden, möglichst nur kernfreies Holz verarbeiten und Wuchsrichtung und Struktur des Holzes beachten.

Ich wünsche Ihnen viel Erfolg. Denn es ist eine wichtige Voraussetzung ein gutes Stück Holz zur Verfügung zu haben. Die aufgewandte Zeit und Mühe lohnt sich.

Werkzeuge

Grundausstattung

Es gibt zirka 900 verschiedene Schnitzwerkzeuge, meist als Schnitzeisen bezeichnet. Davon wird aber nur ein geringer Teil gebraucht und nur wer ganz spezielle Arbeiten ausführt, braucht eine größere Auswahl. Die Form der Schnitzeisen hat sich seit der Hochblüte der Schnitzereien im Mittelalter kaum verändert.

Schnitzmesser in Klingenlängen von 40 bis 80 mm lieferbar.

Das einfachste und universellste Werkzeug für viele Arbeiten ist das eigentliche Schnitzmesser, von dem es viele Varianten gibt. Das am häufigsten gebrauchte hat eine gerade Schneide mit einer Klingenlänge von 40 bis 80 mm. Für den Anfänger ist eine Klingenlänge von 40 bis 50 mm zu empfehlen. Die eigentlichen Schnitzeisen werden auch Bildhauereisen genannt. Diese Werkzeuge werden nach Stich und Breite der Klinge eingeteilt. Der Begriff »Stich« leitet sich von der Form des Eisens ab, wenn es ins Holz gestochen wird. Der Stich ergibt eine ganz bestimmte Form, die mit der sogenannten »Stichnummer« bezeichnet wird, und im wesentlichen einheitlich ist. Lediglich bei den Gaißfüßen benutzt eine Schweizer Firma die Nummern 12 und 13 anstelle der sonst geläufigen 41 und 45. Jetzt braucht man nur noch die gewünschte Breite in Millimetern anzugeben und jeder Schnitzer und auch jeder Verkäufer in einem Fachgeschäft weiß, welches Schnitzeisen gemeint ist.

Es gibt aber noch zusätzliche, die Form betreffende, Bezeichnungen, um von vornherein Irrtümer auszuschalten:

– Balleisen: Alle Eisen mit gerader Schneide (Stich 1)
– Flacheisen: Eisen mit leicht gewölbter Schneide (Stich 2½, 3, 4)
– Hohleisen: Werkzeuge mit bis fast halbkreisförmig gewölbter Schneide (Stich 5, 6, 7, 8)
– Bohrer: Hohleisen mit U-förmig gewölbter Schneide (Stich 9, 10, 11)
– Gaißfüße: Werkzeuge mit spitz- bis stumpfwinkliger geformter Schneide (Stich 39, 41, 45). Bei der Schneide ist der Übergang der Wölbungsstärke vom Flacheisen zum Bohrer hin fließend.

Aus den beigefügten Abbildungen läßt sich noch ein genaueres Bild machen, wie diese Bezeichnungen zustande gekommen sind.

Diese exakten Bezeichnungen sind vor allem dann wichtig, wenn Sie sich Werkzeug bestellen wollen.

Zum Beispiel bestellen Sie 1 Hohleisen gerade, Stich 8/12 mm.

Dann erhalten Sie genau das Eisen, das Sie sich wünschen.

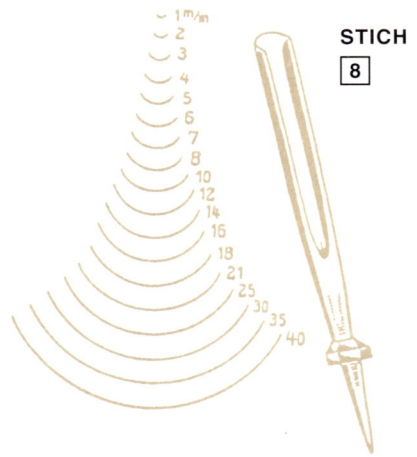

STICH 8

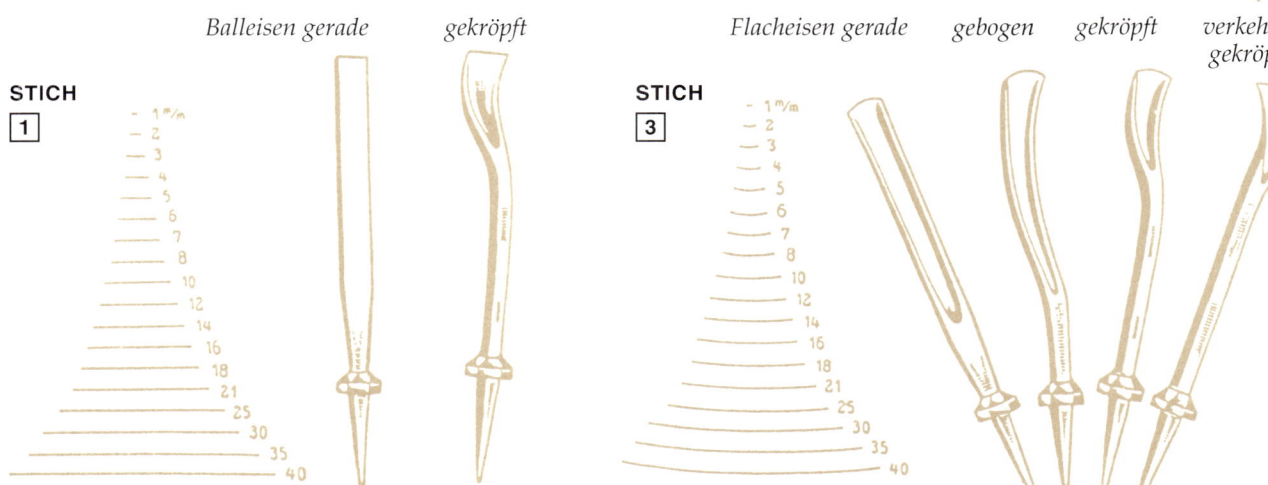

Balleisen gerade — *gekröpft* — *Flacheisen gerade* — *gebogen* — *gekröpft* — *verkehrt gekröpft*

STICH 1

STICH 3

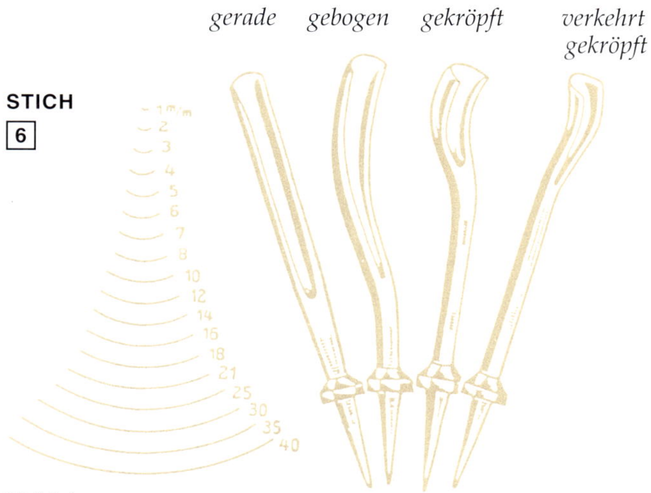

gerade gebogen gekröpft verkehrt gekröpft

STICH
6

Hohleisen,
flach gewölbt

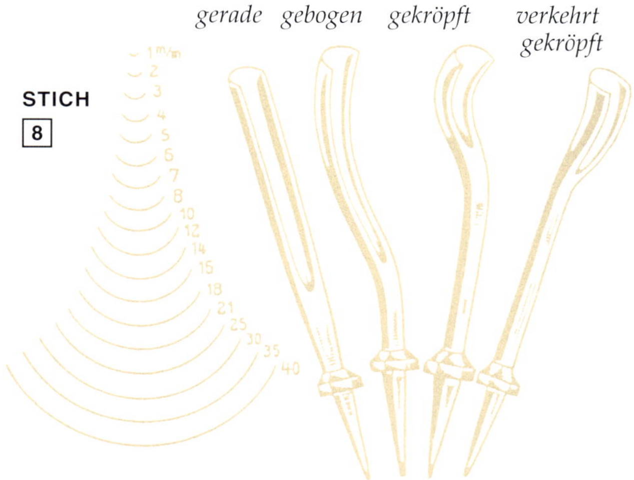

gerade gebogen gekröpft verkehrt gekröpft

STICH
8

Hohleisen,
stärker gewölbt

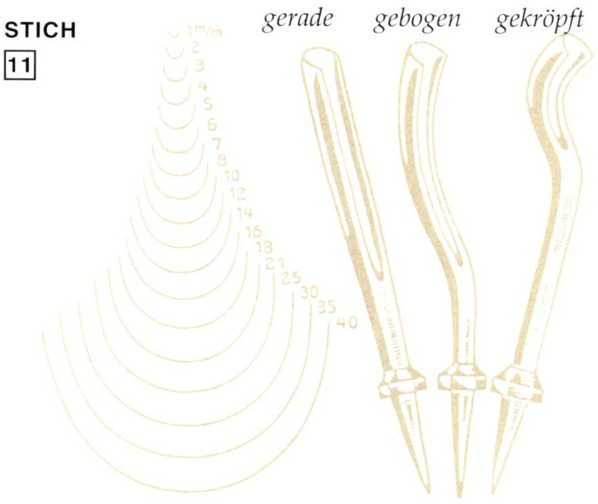

gerade gebogen gekröpft

STICH
11

Bohrer, ein Hohleisen mit stark gewölbter Schneide

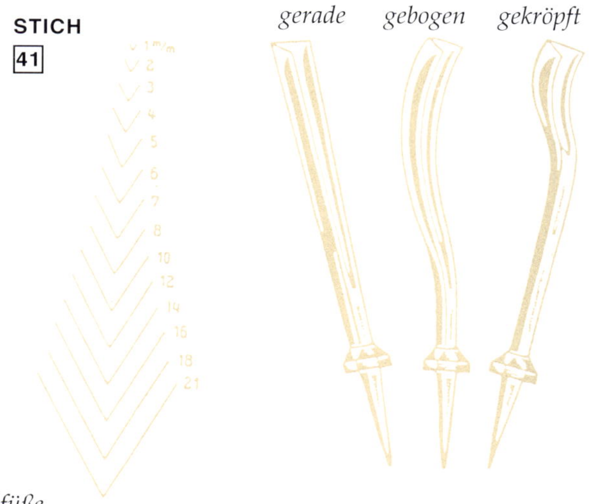

gerade gebogen gekröpft

STICH
41

Gaißfüße

Im Bestell-Beispiel taucht noch ein Begriff auf, von dem wir noch nicht gesprochen haben: »gerade«. Diese Bezeichnung bezieht sich hier auf die Längsform der Klinge und nicht auf das Schnittbild, das – wie bereits bekannt ist – als »Stich« bezeichnet wird.

Wie die Abbildungen zeigen, gibt es von fast jedem Eisen noch unterschiedliche Formen bezüglich der Länge, die dem jeweiligen Verwendungszweck angepaßt sind:
– gerade: die am häufigsten gebrauchte Form
– gebogen: die Klinge ist in ihrer Längsform gebogen, das erleichtert das Arbeiten an tieferliegenden Stellen.
– gekröpft und verkehrt gekröpft: das sind Spezialausführungen von Schnitzeisen, die hauptsächlich bei der Reliefgestaltung gebraucht werden.

GRUNDAUSSTATTUNG

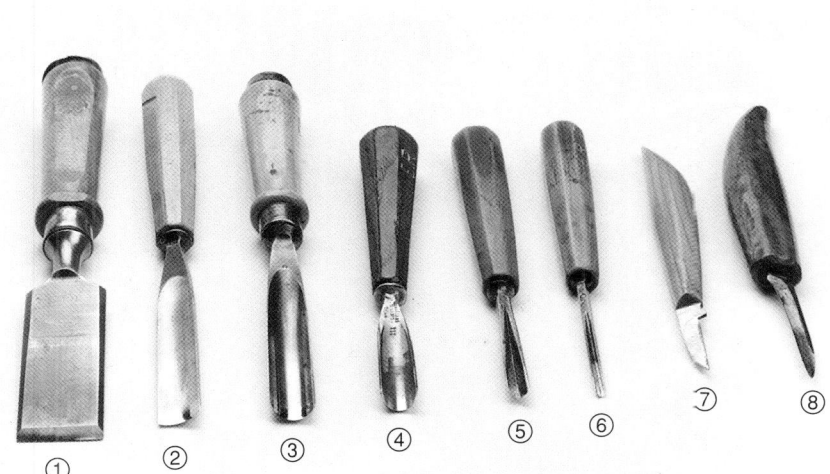

Vorschlag zu einer Grundausstattung mit Schnitzwerkzeugen

1 Stemmeisen für Schreiner (kein richtiges Schnitzerwerkzeug, aber ggf. brauchbar anstelle eines geraden Balleisens).
2 gerades Flacheisen
3 gerades Hohleisen
4 gerader Bohrer
5 gerader Gaißfuß
6 gerader Bohrer
7 Schnitzmesser
8 Schnitzmesser

Da für den Anfang nur einige Werkzeuge benötigt werden, mache ich Ihnen einen Vorschlag für die Grundausstattung.

1 gerades Balleisen
Stich 1/20 mm
1 gerades Flacheisen
Stich 3/16 mm
1 gerades Hohleisen
Stich 8/10 mm
1 geraden Bohrer Stich 11/2 mm
1 geraden Bohrer Stich 11/4 mm
1 geraden Bohrer Stich 11/10 mm
1 geraden Gaißfuß Stich 41/10 mm
1 Schnitzmesser gerade Schneidenlänge 50 mm

Es gibt in der Qualität und im Preis große Unterschiede. Falls möglich, informieren Sie sich bei einem erfahrenen Schnitzer oder Holzbildhauer, welche Marken und wo er kauft. Sie ersparen sich viel Ärger und Kosten. Eine kurze Übersicht über Herstellerfirmen und Bezugsquellen befindet sich am Ende des Buches.

Bildhauerklüpfel

Um beim Schnitzen größere Spanteile - besonders in härterem Holz - abzutragen, wird mit einem Klüpfel auf die Griffenden der Eisen geschlagen (siehe Bild Seite 24). Dieser sogenannte Bildhauerklüpfel ist aus Holz und rund und ähnelt - mit Verlaub gesagt - einem hölzernen Kartoffelstampfer. Eckige, sogenannte Schreinerklüpfel sind für Ihre Arbeit nicht geeignet. Am besten arbeiten Sie mit einer mittleren Größe. Prüfen Sie beim Kauf gut, wie angenehm der Klüpfel in Ihrer Hand liegt.

Noch etwas zur Aufbewahrung von Schnitzwerkzeugen. Wenn Sie einen Werkzeugkasten haben, dann können Sie die Eisen dort aufbewahren. Bewährt hat sich eine Rolltasche, von den Schnitzern Wickel genannt. Das ist eine Werkzeugtasche aus Stoff oder auch Kunstleder in der die Schnitzwerkzeuge so eingelegt werden, wie es die Abbildung zeigt. Wichtig ist bei jeder Art der Aufbewahrung, daß sich die Eisen nicht mit der Schneide berühren können, um das Stumpfwerden der haarscharfen Klingen zu vermeiden.

Sog. Wickel in der besten Ausführung: eine Rolltasche aus Leder; es kann natürlich auch eine Textil- oder Kunstledertasche sein.

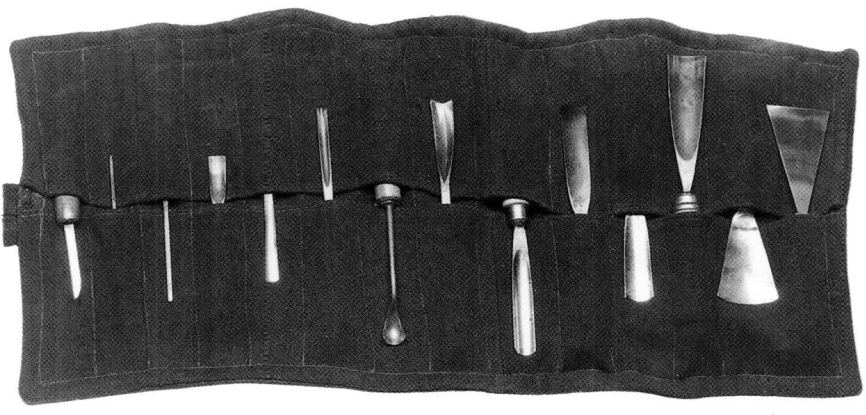

Das Schärfen der Schnitzwerkzeuge

Schleifen und Abziehen

Damit das Schnitzen Freude bereitet und eine saubere Arbeit gelingt, braucht der Schnitzer haarscharfes Werkzeug.

Der Schärfvorgang besteht aus zwei Etappen: Das Schleifen an der Schmirgelscheibe oder am Sandstein und das Abziehen des beim Schleifen entstehenden Grates, winzigen, unregelmäßigen Metallkanten, die mittels Abziehstein oder durch das sogenannte Schwabbeln auf der Filzscheibe entfernt werden.

Das Schleifen

Hierzu gibt es sehr viele verschiedene Maschinen. Für welche Sie sich entscheiden, ist Ihre Sache, aber es müssen bestimmte Voraussetzungen erfüllt sein, um einen ein-

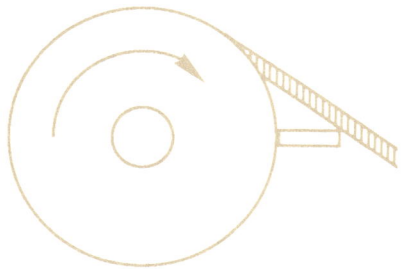

Schleifscheibe in der richtigen Größe für einen guten Hohlschliff.

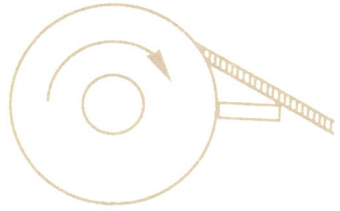

Die Schleifscheibe ist zu klein, deshalb wird der Hohlschliff zu lang.

Um beim Schleifen ein Ausglühen des Eisens zu verhindern, wird es von Zeit zu Zeit zum Abkühlen in Wasser getaucht.

wandfreien Schliff zu erhalten. Die Größe der Schleifscheibe ist wichtig, um den notwendigen Hohlschliff zu erhalten. Ist die Schleifscheibe zu klein, wird der Hohlschliff zu extrem, und die Eisen brechen schnell aus.

Wenn Sie einen im Wasserbad laufenden Sandstein benutzen wollen, ist der Schleifvorgang verhältnismäßig unproblematisch, dauert aber etwas länger als bei der schnellaufenden Schmirgelscheibe. Durch den langsameren Lauf des Sandsteines und der zusätzlichen Wasserkühlung wird das Verbrennen der Schneide vermieden. Deshalb müssen Sie bei der Arbeit mit

der schnellaufenden Schmirgelscheibe immer ein Gefäß mit Wasser bereit haben, um das Eisen von Zeit zu Zeit abkühlen zu können.

> *Ein wichtiger Tip:*
> *Achten Sie darauf, daß Ihre Auflage höchstens 1 mm von der Schleiffläche der Schmirgelscheibe entfernt ist, damit ein versehentliches Einklemmen des Werkzeugs (Schnitzmesser) verhindert wird.*

Das auf Seite 11 links oben stehende Foto zeigt auch, wie das Werkzeug beim Schleifvorgang gehalten wird. Es liegt fest auf der Auflage. Der Zeigefinger der das Werkzeug haltenden Hand schiebt sich bis an die Auflage heran und bleibt bis zur Beendigung des Schleifvorganges immer an derselben Stelle des Eisens liegen.

Dadurch ist es möglich, daß Sie das Werkzeug nach dem Wegnehmen zum Abkühlen oder einer Stichprobe immer wieder an dieselbe Stelle der Schleifscheibe anlegen können, um eine gleichmäßige Schleiffase zu erreichen.

Als Schleiffase wird der Teil des Werkzeuges bezeichnet, der von der Schleifscheibe bearbeitet wird. Die Fase darf nicht zu lang und nicht zu kurz sein, um eine gute Schnittführung zu ermöglichen. Die Länge der Fase muß durch Probieren für jedes Eisen gefunden werden. Für die meisten Eisen ist die Haltung wie auf der Abbildung die günstigste.

Wenn alle Vorbereitungen getroffen sind, beginnt das Schleifen. Sofort nach dem Einschalten prüfen Sie, ob die Scheibe gleichmäßig und ruhig läuft. Dann wird das Werkzeug wie beschrieben auf die Auflage gelegt. Jetzt heben Sie die Führungshand langsam an, bis das Eisen die Schleifscheibe berührt. Keinesfalls aufdrücken, sondern nur leicht auflegen, um eine zu große Reibung zu vermeiden, die zum Ausglühen des Eisens führen

Beim Schleifen liegt das Werkzeug durch Druck mit dem Daumen fest auf der Auflage. Der Zeigefinger der das Werkzeug haltenden Hand schiebt sich bis auf die Höhe der Auflage heran. Er hält durch Druck von unten die Hand samt Werkzeug in Position. Durch leichte Drehungen des Eisens nach beiden Seiten wird solange geschliffen, bis ein feiner Metallgrat entstanden ist.

kann. Das Werkzeug wird zuerst durch die Führungshand gleichmäßig von links nach rechts und wieder zurück bewegt, so daß die gesamte Breite des Eisens von der Schleifscheibe bearbeitet wird.

Nach mehrmaligem Abkühlen und einer Sichtkontrolle des Schleifvorganges erkennen Sie an der Bildung eines feinen Grates an der Schneide des Werkzeuges, daß der Schleifvorgang beendet ist. Wenn Sie das Eisen gegen das Licht vorsichtig hin und her bewegen, dürfen sich auf der Schneide keine hellen Stellen mehr zeigen. Sollte das der Fall sein, müssen Sie nochmals nachschleifen.

Das Entgraten

Jetzt ist das Eisen zwar geschliffen, aber noch nicht scharf, da der entstandene Grat noch entfernt werden muß. Dafür gibt es zwei Möglichkeiten: Mittels Abziehstein oder durch das sog. Schwabbeln auf der Filzscheibe.

Das Abziehen

Man unterscheidet verschiedene Abziehsteine u.a. Wassersteine und Ölsteine, feine und grobe. Sehr gut bewährt hat sich der sogenannte belgische Brocken. Das ist ein mittelfeiner Stein, auf dem mit Wasser gearbeitet wird. Bei der Arbeit mit Abziehsteinen werden auf alle Fälle noch einige Profilsteine benötigt, um die verschiedenen Hohleisen auch innen abziehen zu können.

Schwabbeln auf der Filzscheibe

Wenn es richtig ausgeführt wird, ist das sogenannte Schwabbeln mit der Filzscheibe eine große Zeitersparnis und ersetzt das aufwendigere Abziehen von Hand. Dabei kommt

Schwabbeln auf der Filzscheibe, nur kurz und mit leichtem Druck. Es soll ja nur der feine Grat entfernt werden.

es in erster Linie darauf an, eine feste und nicht zu kleine Filzscheibe zu verwenden. Bei zu kleinen und zu weichen Filzscheiben besteht nämlich die Gefahr, den durch das Schleifen erzielten Hohlschliff zu schnell wieder zu beseitigen.

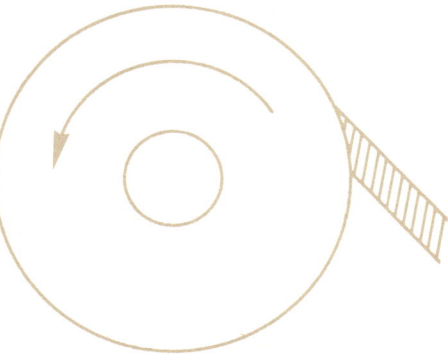

Handhabung beim Innenpolieren eines Hohleisens. Auch dieses flache Hohleisen kann auf der Innenseite kurz poliert werden, um seine endgültige Schärfe zu erreichen. Dazu wird das Eisen kurz umgedreht und mit der Hohlseite auf die Scheibe gehalten.

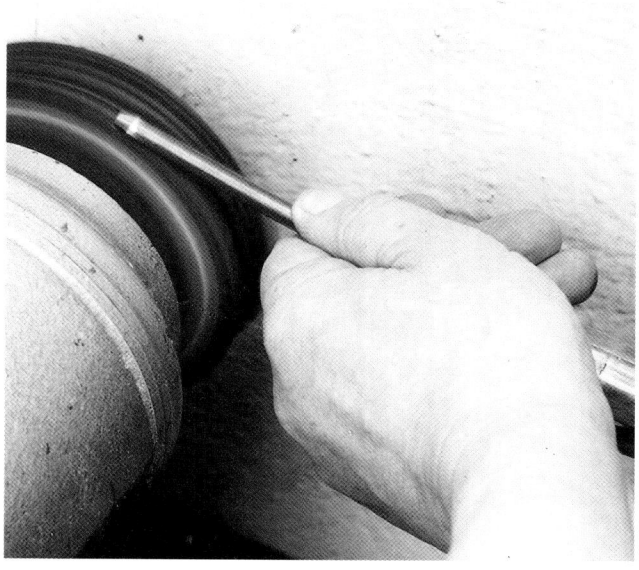

Mit einer schmalen »Schwabbelscheibe« lassen sich auch kleinere Hohleisen gut von innen polieren und werden schnell scharf.

Zusammenfassung

- Werkzeug fest auf die Auflage legen.
- Auflage so nahe wie möglich an die Schleifscheibe heranbringen, Schleifwinkel 30 Grad.
- Ab und zu abkühlen und Schliff kontrollieren.
- Schmirgelscheibe muß bei einer normalen Schleifmaschine immer gegen die Schneide des Werkzeugs laufen (es sei denn, Sie haben eine spezielle Schleifmaschine, z.B. die »Fischler Abziehmaschine«, wo der Stein in Drehrichtung von der Schneide wegläuft).
- Schwabbelscheiben müssen von der Schneide des Werkzeugs weglaufen.
- Werkzeug gleichmäßig über die ganze Schneide schleifen.
- Schnitzmesser rechtwinklig zur Laufrichtung der Schleifscheibe schleifen.
- Bei unruhigem Lauf der Schmirgelscheibe muß diese abgerichtet, das heißt die Lauffläche egalisiert werden.

Beim Feinschleifen auf der Filzscheibe (Schwabbeln) ist die Laufrichtung der Scheibe vom Werkzeug weg, da sonst Verletzungsgefahr besteht.

Sie brauchen zum zeitsparenden und richtigen Schwabbeln eine Filzscheibe von 30 bis 40 mm Breite und einige schmale Scheiben von 2 bis 4 mm Breite. Der Durchmesser der Scheiben soll mindestens 150 mm betragen. Sie können diese Scheiben auf einer Seite Ihrer Schleifmaschine befestigen. Besser ist es, einen gesonderten Motor zu benutzen, denn im Gegensatz zur Schmirgelscheibe muß die Schwabbelscheibe vom Werkzeug weglaufen, um ein Einhaken des Werkzeugs zu vermeiden. An diese Scheibe wird nach dem Einschalten ein Stück grüne Schwabbelpaste gedrückt. Die Filzscheiben nehmen diese Paste auf und nach wenigen Sekunden sind die Scheiben bereit zum Polieren. Mit den schmalen Scheiben lassen sich auch kleinere Hohleisen gut von innen polieren und werden sehr schnell scharf. Damit lassen sich auch eventuelle Rostnarben sehr gut beseitigen.

Aufbau der Figur
(Proportionsschema)

Zeichnen des Körpers

Bevor die grundlegenden Techniken des Schnitzens beschrieben werden und Sie das Messer zum Herausarbeiten aus dem Holz in die Hand nehmen, müssen Sie sich über den Aufbau der menschlichen Figur im klaren sein. Um aber die Figur aus dem Kantholz zu schnitzen, brauchen Sie eine Vorlage in Form einer Zeichnung. Fertigen Sie von der von Ihnen ausersehenen Figur eine möglichst genaue Zeichnung an und zwar nach einem Proportionsschema, um die Verhältnisse (Proportion) der einzelnen Körperteile zueinander festzulegen. Hier arbeiten Sie am besten mit einem Schema, das auf Kopflängen aufgebaut ist und durch das der erwachsene menschliche Körper in 8 gleiche Teile gegliedert wird. Es gibt zwar Proportionsschemata, die sich bis auf 56 Teile aufspalten, mit unserem verhältnismäßig einfachen und achtteiligen Schema läßt sich aber bereits sehr gut arbeiten.

Beginnen Sie Ihre Zeichnung, indem Sie auf einem Blatt Papier in gleichem Abstand 9 Linien ziehen, durch die sich die besagten 8 Teile ergeben. Ich gebe bewußt keine Maße an, da wir nur mit diesen Teilen zu tun haben, und diese 8 Teile immer andere Maße haben können, je nach dem wie groß die Figur werden soll.

Für die Figur wird die Vorder- und nur eine Seitenansicht gebraucht. Zuerst wird von einer stehenden Figur die Vorderansicht gezeichnet. Die Arbeit beginnt am Kopf. Er umfaßt ein Achtel der Körperlänge, Teil 1 genannt. Die Breite

des Kopfes beträgt etwa zwei Drittel der Länge.

Der Teil 2 beginnt mit dem Hals, der nur ein Viertel dieses Teiles ausmacht und fast so breit wie der Kopf ist. Dann folgen die Schultern. Ihre Breite beträgt ein Viertel der Körperlänge. Bitte auf gleichmäßigen Abstand von der Mittellinie achten. Der zweite Teil endet mit der Höhe der Brust.

Teil 3 reicht bis zur sogenannten Gürtellinie oder Taille. Sie ist besonders bei einer weiblichen Figur bedeutend schmaler als die Schulter.

Beim Teil 4 liegt die Körpermitte, nach der auch die Beine beginnen. Etwas höher befindet sich der große Rollhügel (Hüftgelenk). Dort erreicht der Unterkörper die größte Breite.

Der Teilstrich 5 gibt die Mitte des Oberschenkels an.

Proportionsschema Körper, aufgeteilt im 8er-Kanon.

Der Teilstrich 6 befindet sich unterhalb der Kniescheibe.

Beim Teilstrich 7 haben wir die Mitte des Unterschenkels.

Der 8. Teilstrich ist die Unterkante der Fußsohle und bei den meisten Figuren gleichzeitig die Oberkante des Sockels. Nun sind nur noch die Arme zu zeichnen und die erste Zeichnung ist fertig.

Die Arme beginnen an der Schulter und enden bei ausgestreckter Hand kurz vor dem Teilstrich 5. Der Ellbogen ist am Teilstrich 3. Ist die Zeichnung fertig, prägen Sie sich die Maße genau ein. Das gilt aber nur für den Anfang, denn das Proportionsschema ist nur das Ergebnis aus unzähligen Messungen menschlicher Körper; doch jeder Mensch wird individuelle Abweichungen von diesem Schema aufweisen.

Es empfiehlt sich deshalb, einmal selbst Messungen an Freunden und Bekannten vorzunehmen und die gefundenen Maße mit dem Schema zu vergleichen. Dadurch gewinnen Sie Sicherheit im Umgang mit den

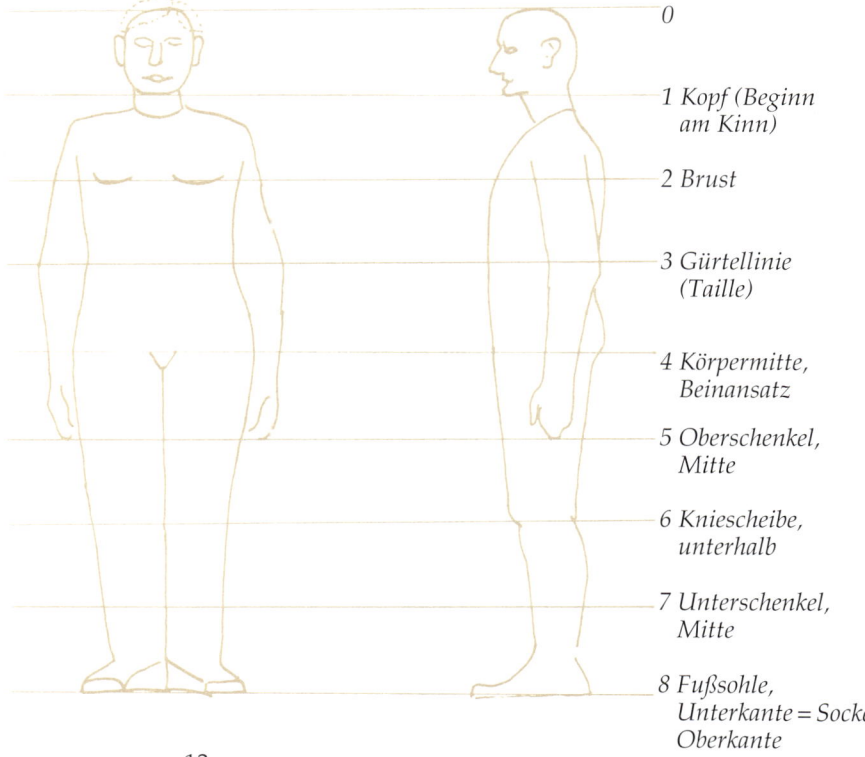

0

1 Kopf (Beginn am Kinn)

2 Brust

3 Gürtellinie (Taille)

4 Körpermitte, Beinansatz

5 Oberschenkel, Mitte

6 Kniescheibe, unterhalb

7 Unterschenkel, Mitte

8 Fußsohle, Unterkante = Sockel, Oberkante

Proportionen, sammeln Erfahrungen und können später gewisse Unterschiede besser herausarbeiten. Das Beobachten und Vergleichen des menschlichen Körpers ist die grundlegende Voraussetzung für die Arbeit eines Schnitzers. Dadurch bekommt er einen Blick für die Gegebenheiten, die er darstellen will.

Noch ein paar Worte zum Zeichnen der Figuren. Zeichnen Sie immer zuerst den unbekleideten Menschen und dann erst die Kleidung und Ausrüstung. Es ist nicht sinnvoll, sofort eine vollständig bekleidete Figur zu zeichnen und dadurch das Wichtigste, den Körper zu verstümmeln. Aus einer unbekleideten Figur läßt sich mit Hilfe der darüber gezeichneten Kleidung jeder gewünschte Typ darstellen. Wenn Sie auf diese Art beim Entwerfen vorgehen, vermeiden Sie die obengenannten Fehler von Anfang an. Sie bekommen ein gutes Gefühl für die Körperhaftigkeit der Figuren.

Betrachten Sie unter diesem Gesichtspunkt einmal figürliche Darstellungen auf Ausstellungen, in Geschäften usw. Sie werden feststellen, daß es dem einen oder anderen Schöpfer nicht immer gelungen ist, die Körperlichkeit zu erhalten. Wie bei jeder Regel gibt es natürlich auch beim Schnitzen Ausnahmen, z.B. die sakrale Plastik des Mittelalters, die das Gewand als wesentliches Ausrucksmittel benutzte.

Die Seitenansicht

Hierzu werden die selben Linien benötigt wie beim Proportionsschema von vorn, aber ohne Mittellinie. Günstig ist es, von Anfang an ein breiteres Blatt zu nehmen und die Linien nach der Seite durchzuziehen, damit die Seitenansicht unmittelbar neben der Vorderansicht gezeichnet werden kann. So läßt sich gut kontrollieren, ob die Maße übereinstimmen. Diese Übereinstim-

mung ist sehr wichtig, denn es ist ja dieselbe Figur, die Sie in zwei verschiedenen Ansichten zeichnen müssen. Bei der Seitenzeichnung ist es vorteilhaft, zuerst sehr dünn zu zeichnen, weil oft die Haltung korrigiert werden muß. Es ist auch genau darauf zu achten, daß die Figur nicht nach vorn oder hinten kippt, denn wenn es in dieser Art einmal auf das Holz übertragen ist und bereits an der Figur gearbeitet wurde, läßt sich der Fehler nur sehr schwer wieder ausgleichen.

Bei der Seitenansicht ist der Hals schräg am Körper anzusetzen. Der vordere Teil des Halses (die Halsgrube) sitzt auf alle Fälle tiefer als der Nacken.

Bei der Seitenansicht zeigen sich auch die größten Unterschiede im Volumen des darzustellenden Menschen. Hier läßt sich gut sichtbar machen, ob es ein schlanker oder ein dicker Mensch werden soll. Aber für den Schnitzer ist es schon wichtig, daß er sich der Körperhaftigkeit immer bewußt ist, denn daraus ergeben sich auch gestalterische Notwendigkeiten. Wo liegt Kleidung auf dem Körper auf? Wo hängt sie lose herab? Wo ergeben sich Falten und Stoffknicke?

Zusammenfassung

Das Proportionsschema ist für den Anfänger auf alle Fälle ein gutes Hilfsmittel, um erst mal eine Grundlage zu haben, auf der man aufbauen kann. Es darf aber nicht so sein, daß versucht wird, jede Figur unbedingt in dieses Schema zu pressen. Wenn Sie, wie vorgeschlagen, das Proportionsschema mit der Natur vergleichen, werden Sie nach einer gewissen Zeit selbst entscheiden können, wo das Schema zugunsten des Ausdrucks verändert werden muß.

Zeichnen des Kopfes

Der Kopf einer Figur macht beim erwachsenen Menschen etwa ein Achtel der Gesamtkörpergröße aus. Die Breite entspricht zwei Drittel der Höhe. Die Länge, von der Nasenspitze bis Hinterkopf ist gleich der Gesamthöhe.

Ich möchte an dieser Stelle nochmals darauf hinweisen, daß diese Maße Standardmaße sind, und nicht immer für jede Figur schematisch anzuwenden sind. In jedem Fall ist es von Vorteil für den Schnitzer, wenn er die vorgegebenen Maße bei sich und anderen Personen vergleicht und sich selbst ein Gefühl für die Besonderheiten der einzelnen Typen erarbeitet. Nun noch einige Erläuterungen zu den Details.

Beim Erwachsenen gliedert sich das Gesicht in drei gleiche Teile:
– die Stirn,
– die Nase,
– die Mundpartie und Kinn

Beim Kleinkind ist es eine zweiteilige Gliederung:
– die Hälfte des Gesichts nimmt die Stirn ein,
– in der anderen Hälfte liegt die kleine runde Nase, der weiche etwas vorgewölbte Mund und das kleine Kinn.

Ein Kindergesicht zu schnitzen ist für den Schnitzer eine sehr schwierige Aufgabe, da die kleinen runden, weichen Formen mit dem Schnitzmesser sehr schwierig herauszuarbeiten sind.

Vorderansicht

Von vorn ist das Gesicht symmetrisch, also links und rechts gleich. Die Augen nicht zu engstehend anlegen, der Abstand zwischen

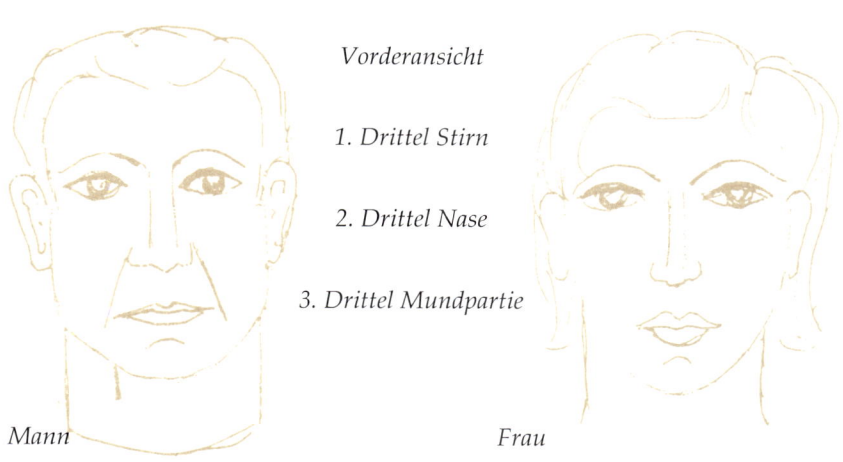

Vorderansicht

1. Drittel Stirn

2. Drittel Nase

3. Drittel Mundpartie

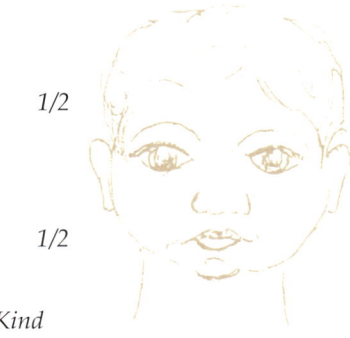

1/2

1/2

Mann

Frau

Kind

Proportionsschema Kopf, Vorderansicht. Bei Erwachsenen ergibt sich eine Drittelteil, beim Kind eine Halbteilung: 1. Hälfte Stirn - Trennlinie Augen - 2. Hälfte Nase, Mund, Kinn.

Seitenansicht

Beim Erwachsenen liegen Stirn und Mundpartie auf einer Linie, die Nase springt vor. Die Ohren sind in der hinteren Kopfhälfte, der Unterkiefer beginnt unter dem Ohr. Der Hals ist in der Regel bei der Frau etwas länger und schlanker als beim Mann. Beim Kleinkind ist auf die hohe, meist etwas vorgewölbte Stirn zu achten, die kleine runde Nase verschwindet fast zwischen den runden Bäckchen.

Der Übergang zwischen Mundpartie und Wangen wird als Nasen-Mundfalte bezeichnet. Sie zieht sich vom Nasenflügel zum Mundwinkel. Beim Kleinkind ist sie kaum zu sehen, mit zunehmendem Alter prägt sie sich immer mehr aus und

ist beim alten Menschen als deutliche Kerbe ausgebildet.

Beim Gesicht werden die individuellen Unterschiede sehr deutlich sichtbar, es gilt also die typischen Merkmale der Figur zu erkennen und herauszuarbeiten.

Ich empfehle dringend an kleinen Holzstücken verschiedene Gesichter auszuprobieren. Die Übungen zahlen sich auf alle Fälle aus, und der Verlust an Zeit und Material bei einem nicht ganz gelungenen Versuch ist nicht so groß.

Proportionsschema Kopf, Seitenansicht. Zwar gibt es Grundregeln für das »Normalgesicht«, doch beim genauen Beobachten werden Sie sehr starke persönliche Abweichungen entdecken.

den Augen beträgt ungefähr eine Augenbreite. Die Nase, vor allem beim Mann, nicht zu schmal anlegen, die Ohren liegen auf der Höhe der Nase. Bei der Frau ist das Gesicht im Ganzen ovaler; breiteste Stelle sind die Backenknochen, beim Mann dagegen der Unterkiefer.

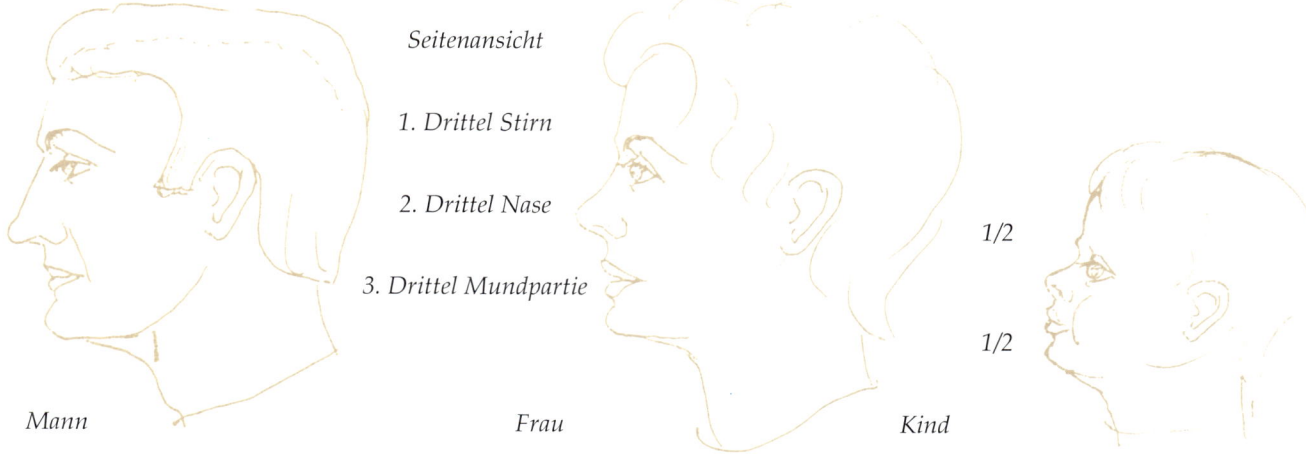

Seitenansicht

1. Drittel Stirn

2. Drittel Nase

3. Drittel Mundpartie

1/2

1/2

Mann

Frau

Kind

Techniken des Schnitzens

Nachdem das Werkzeug einwandfrei geschliffen und abgezogen ist, kann das Schnitzen beginnen. Es ist wirklich sehr wichtig, nur mit scharfen Werkzeugen zu arbeiten, denn mit stumpfem Werkzeug ist die Verletzungsgefahr größer.

Ist das Werkzeug nicht haarscharf oder weist es keinen einwandfreien Hohlschliff auf, muß der Schnitzer zuviel Kraft aufwenden, um einen Span abzuschneiden. Das führt wiederum dazu, daß die genaue Schnittführung und die Beendigung des Schnittes an der vorgesehenen Stelle nicht mehr möglich ist. Beginnen wir mit der Handhabung des universellsten Werkzeuges, dem Schnitzmesser.

Mit dem Schnitzmesser

Für die ersten Schnitzversuche suchen Sie sich ein Stück Holz von etwa 20 cm Länge aus. Dann umfassen Sie das zu bearbeitende Holz mit der linken Hand so, daß der Daumen noch aktionsfähig ist. In die rechte Hand nehmen Sie das Schnitzmesser, setzen die Klinge an das Holz und schieben mit dem Daumen der linken Hand das Messer in das Holz. Nicht zu steil ansetzen, sonst wird der Span zu dick

Um die haltende Hand zu entlasten, wird das Holz mit dem freien Ende aufgelegt. Bei dieser Haltung kann man beim Schneiden mehr Druck auf das Holz ausüben. Gleichzeitig ist die Hand sicherer zu führen, und der Kraftaufwand ist geringer als beim Schneiden ohne Auflegen.

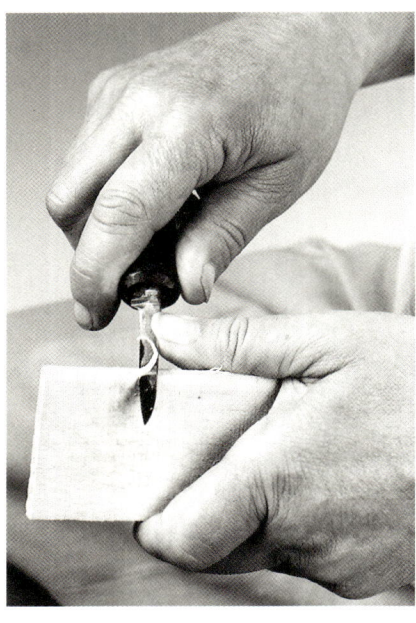

und Sie kommen nicht weiter. Probieren Sie es, wie die Abbildungen es zeigen. (Linkshänder bitte umdenken!)

Es wird am Anfang etwas ungewohnt sein, aber nur mit dieser Art der Messerführung ist es möglich, einen genauen Schnitt zu führen und auch genau an der Stelle den Schnitt zu beenden, wo es vorgese-

Erste Schnitzversuche an einem Holzbrettchen. Bei der Arbeit mit dem Schnitzmesser wird die Klinge nicht zu steil ins Holz gesetzt. Um einen kontrollierten Schnitt zu erhalten, wird bei dieser Messerführung die Klinge durch den Daumen vom Schnitzer weggeschoben.

hen ist. Legen Sie das Stück Holz mit dem freien Ende möglichst auf eine feste Unterlage, um die haltende Hand zu entlasten und eine sichere Schnittführung zu ermöglichen.

Nachdem Sie auf diese Weise einige Späne abgeschnitten haben, zeichnen Sie sich auf das Holz einige Striche in Querrichtung an, die Sie einkerben und dann genau bis dahin schneiden, so daß ein sauberer Einschnitt entsteht.

Wenn Sie einige Male probiert haben, wird Ihnen zwar der Daumen etwas weh tun, aber Sie werden spüren, daß es Ihnen nur auf diese Art möglich ist, einen genauen und sauberen Schnitt zu führen. Das ist die Voraussetzung für ein erfolgreiches Arbeiten.

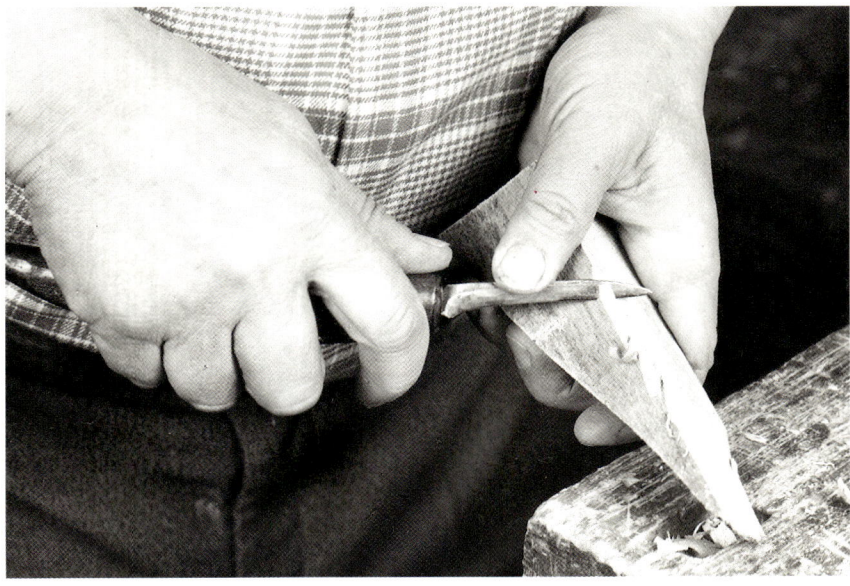

Figuren aus dem Rundholz

nur mit Proportionsvorzeichnung

Sie haben jetzt bereits ein gutes Gefühl dafür, wie Sie das Schnitzmesser im Holz führen und wie Sie die Späne abheben können.

Für die erste Arbeit, mit der eine richtige Figur entsteht, benötigen Sie ein Stück Rundholz von etwa 20 bis 30 mm Durchmesser. Dazu brauchen Sie nicht Ihr feinstes Lindenholz zu nehmen, sondern Sie können es auch mit Fichte oder Kiefer probieren. Sogar Stücke eines Besenstiels aus diesem Material sind geeignet. Nur ist Hartholz wie Buche oder Esche dafür nicht zu gebrauchen.

① Ausgangsmaterial für eine einfache Figur: ein Rundholz. Je dicker es ist, desto höher kann die Figur werden. Aber nicht die 12 cm überschreiten. Rundholz dieser Art in Linde können Sie bei einem Drechsler besorgen, aber auch in Holzhandlungen. die Profilhölzer anbieten.

② Ansicht von der Seite. Nach dem Proportionsschema wird nur eingezeichnet, wo Kopf, Schultern und Taille sitzen. Dort beginnt die Einkerbung mit dem Schnitzmesser. Setzen Sie dazu das Messer vorsichtig 1 bis 2 cm vor der Linie ans Holz und führen Sie es unter leichtem Druck in Richtung Linie. Einmal rundherum arbeiten und dann von der anderen Seite aus die Einkerbung vollenden. Am einfachsten stellen Sie dazu das Rundholz auf den Kopf und führen das Schnitzen fort bis zur gewünschten Tiefe der Einkerbung. Für die grobe Form legen Sie die Wölbung der Brust fest. Der Kopf wird deutlich abgesetzt, d.h. stark eingekerbt. Aber Vorsicht: Der Hals darf nicht zu dünn werden.

③ Ansicht von vorn. Für dieses Bild wurde die Figur etwas gedreht, damit Sie den seitlichen glatten Armansatz besser sehen. Beim vorherigen Bild ist der Armansatz in der Draufsicht als kreisförmige Platte zu sehen. Die Arme werden später nachgeschnitzt und angeleimt. In diesem Stadium zeichnen Sie weitere Einzelheiten auf, die herausgearbeitet werden sollen: Gesicht, Haare und Kleidungsstücke (hier die Schürze).

Das Gesicht entsteht mit der Spitze des Messers, ebenso die Schürze. Mit einfachen Schnitten kerbt man an den vorgezeichneten Linien ein und hebt Schicht für Schicht das überflüssige Holz weg

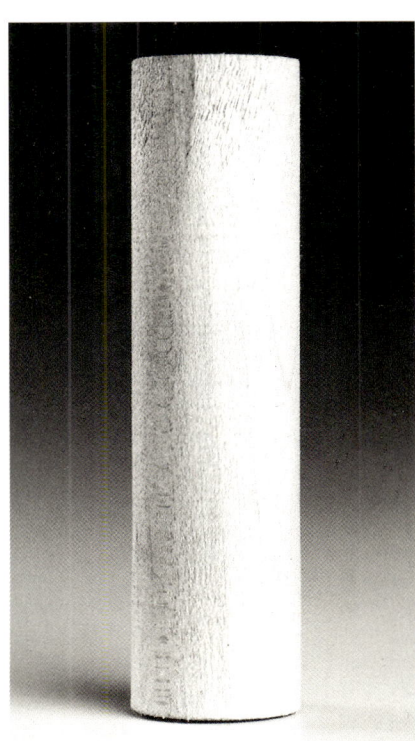

①

②

③

Wenn die Figur dieser Anfangsübung etwa 8 cm hoch werden soll, müssen Sie Stücke von 12 cm Länge haben. Je dicker das Rundholz ist, desto größer können die Figuren werden. Aber nicht über eine Länge von 12 cm hinausgehen.

Für diese Demonstrationsübung fertigen Sie zuerst eine einfache Skizze nach dem Proportionsschema an. Es genügt die Vorderansicht. Ausgangsbasis für die Größe der Figur ist die Dicke des Rundholzes. Dabei ist der Durchmesser gleich der Schulterbreite. Das ergibt nach dem Proportionsschema bei 20 mm Dicke des Rundholzes eine Figur von 80 mm Höhe.

Es soll eine weibliche Figur mit langem Rock entstehen, die - wie Fotos zeigen - ohne Arme geschnitzt wird. Sie werden als Einzelstücke nachgeschnitzt und später angesetzt.

Beginnen Sie jetzt Ihre Arbeit, indem Sie nach dem Proportionsschema auf dem Rundholz einzeichnen, wo die Taille, der Kopf und die Schultern sitzen und beginnen Sie dort das Holz einzukerben. Markieren Sie zuerst die Mitte der Kerbe mit dem Messer und schneiden Sie dann von beiden Seiten die Kerbe ein. Damit erreichen Sie von Anfang an einen sauberen Schnitt. Achten Sie dabei unbedingt auf die Wuchsrichtung des Holzes und probieren Sie immer erst vorsichtig aus, in welche Richtung Sie schneiden müssen. Heben Sie keinen zu großen Span ab, sonst kann es Ihnen passieren, daß sich ein zu großes Stück abspaltet.

Nachdem Sie bei Kopf und Rumpf annähernd die gewünschte Form erreicht haben, können Sie vorsichtig mit dem Herausarbeiten der Einzelheiten beginnen. Vergessen Sie nicht, die Einzelheiten vorher genau auf das Holz zu zeichnen: Wo sind die Haare? Wo endet die Schürze? Wo ist der Hals? Immer wieder kontrollieren, ob die Zeichnung auf dem Holz auch wirklich mit der Vorzeichnung übereinstimmt. Dann erst schneiden.

Das Gesicht wird einfach gehalten, weder die Augen noch die Mundpartie ausarbeiten, weil die Figürchen später farbig gestaltet werden. Das geht bei einem einfachen glatten Schnitt besser als viele »kleine« Formen, die die Pinselführung behindern. Abgesehen davon soll die Figur im Ganzen schlicht und einfach sein, und nicht nur an einer Stelle viele Details aufweisen. Bei der Gestaltung der Arme ist zu überlegen, was diese kleine Figur darstellen soll: Eine Frau, die auf einem Tablett einen Kuchen oder etwas anderes trägt oder eine Waldfrau mit Kanne und Stock.

Sie können sich auch eine andere Variante ausdenken. Egal für welche Figur Sie sich auch entscheiden, zeichnen Sie die Arme auf ein Brett-

chen von etwa 8 bis 10 mm Dicke und schneiden oder stechen Sie die grobe Form aus. Die Länge der Arme beachten: Oberarm von der Schulter bis zur Taille, Unterarm von der Taille bis Mitte Oberschenkel.

Wenn Sie dem Figürchen etwas in die Hand geben wollen, z.B. einen Stock, dann muß die Bohrung dafür vor dem Fertigschnitzen des Armes erfolgen, da sonst die Faust zu klein ist und ohne Bruchgefahr kein passendes Loch mehr gebohrt werden kann.

Zum Ansetzen der Arme müssen am Körper der Figur und an der dem Körper zugewandten Seiten der Arme gerade Ansatzflächen vorhanden sein, um den Armen am Körper einen guten Halt zu geben. Schnitzen Sie von Anfang an die Oberarme nicht zu schmal. Es ist möglich und besser, nach dem Anleimen der Arme noch etwas zu beschnitzen, um sie dem Körper anzupassen.

Frau mit Küchentablett

Aus dem Rundstab geschnitzte Frauenfigur mit einfachen »Gesichtsschnitten«. Mit geraden Schnitten setzt man an den vorgezeichneten Linien Nase und Auge ab. Der Mund wird leicht eingekerbt. Bei der farbigen Gestaltung können unbedingt notwendige Kleindetails nachgeholt werden. Arme und Küchentablett mit Kuchen sind einzeln geschnitzt und angesetzt. Beim Schnitzen der Arme muß auf die Proportionen der Hände geachtet werden. Die Hand hat etwa die Größe des Gesichts. Der anzusetzende Arm ist leicht abgerundet. Nach dem Befestigen mit Holzleim wird erforderlichenfalls der Übergang zur Schulter noch nachgearbeitet.

Frau mit Milchkanne

Detailliert bearbeitete Frauenfigur aus dem Rundstab. Trage, Milchkanne und Stock sind wie die Arme einzeln geschnitzte Zusatzteile. Achtung, um die Bruchgefahr zu mindern, müssen die Bohrungen in der Hand vor dem Fertigschnitzen erfolgen.

Der Rock wurde gekürzt und die Beine einzeln herausgearbeitet. Vorsichtig schnitzen, die Fußspitzen können leicht abbrechen. Die Trage wurde passend zugeschnitten und das Flechtwerk mit einem geraden Bohrer, Stich 11/4 mm, eingekerbt. Es ist ratsam, die Trage nicht nur anzuleimen, sondern evtl. mit einem kleinen Holzdübel am Rücken zu befestigen. Dazu wird ein Loch in die Trage gebohrt und ebenso eins an passender Stelle in den Rücken. Die Dübel werden in die Bohrungen gesteckt und so die Trage auf dem Rücken sicher befestigt.

Der rechte Arm ist aus praktischen Gründen aus zwei Teilen zusammengesetzt (erkennbar am Maserungsverlauf). Mit viel Geschick kann man ihn auch einteilig aus einem größeren Stück Holz schnitzen. Beim Verleimen müssen beide Leimflächen glatt aufeinander passen. Nach dem Trocknen kann an Ellbogen und Schultern vorsichtig nachgearbeitet werden.

Aus dieser einfachen Grundform lassen sich mit etwas Geschick und Fantasie ganz unterschiedliche Figuren entwickeln. Der nächste Schritt könnte z.B. sein, den langen Rock etwas zu kürzen, um die Beine ein Stück sichtbar zu machen. Dann hat man eine Figur mit einem langen Mantel, aus der z.B. ein Nachtwächter werden kann. Kürzt man den Mantel noch mehr, entsteht eine Jacke. Dann müssen die Beine noch mehr ausgearbeitet und die Stiefel angedeutet werden. Daraus läßt sich dann vielleicht ein Förster schnitzen.

Nachtwächter

Kleine Figur, die dem Aufbau der Bauersfrau mit Milchkanne sehr ähnelt. Statt Stock trägt diese Figur eine Hellebarde, statt der Milchkanne eine Laterne. Beachten Sie, daß auch hier das Gesicht gerade deshalb zur Gesamtfigur paßt, weil es nicht detailliert geschnitzt ist. Es ist nur mit zwei einfachen Schnitten nach rechts und links abgeflacht. Die Nase ist schräg nach hinten geschnitten. Die tiefgezogene Kappe und der hochgestellte Kragen verdecken Augen- und Mundpartie. Eine einfache durchzogene Kerbe teilt den Mantel vorn.

Förster

Ebenfalls aus dem Rundstab, aber wesentlich differenzierter geschnitzt als die vorherigen Figuren Das lange Gewand ist einem kurzen Rock gewichen, Beine und Hosen sind deutlicher mit einfachen Schnitten ausgearbeitet, Augenhöhlen und Backen sind angedeutet. Angeleimte Einzelschnitzereien sind die Arme - der linke zweiteilig und stark angewinkelt mit aufgesteckter Pfeife (Bohrung vor Fertigstellung vornehmen) - die Flinte und sogar die Füße. Diese können aber genausogut aus dem ganzen Teil geschnitzt werden. Probieren Sie aus, ob es Ihnen gelingt.

Die Flinte kann - wie vorher die Trage - mit einem kleinen Holzdübel befestigt werden. Wie alle diese Kleinfiguren der ersten Übung steht sie auf einer separaten Platte, um nicht so schnell umzufallen. Der sichere Stand wird erhöht, wenn beim Schnitzen dieser Kleinfigürchen auf eine gerade Haltung geachtet wird.

Wenn Sie sich intensiv mit dieser Art der Figurengestaltung befassen, gewinnen Sie große Erfahrung in der Werkzeugführung und Materialbehandlung. Ihre Fantasie zur Gestaltung immer neuer Figuren sind keine Grenzen gesetzt. So lassen sich auf diese Weise auch ganze Personengruppen und Szenen zusammenstellen, und wenn die Figürchen noch geschickt bemalt sind, wirken sie besonders dekorativ und originell.

Sollte aber doch mal etwas nicht so gelingen, wie Sie es sich vorgestellt haben, so ist der Verlust an Material und Arbeit verhältnismäßig gering. Der Ärger bleibt in Grenzen.

Ich wünsche Ihnen viel Spaß bei dieser Arbeit.

Zwei schöne Beispiele, wie mit einer dezenten Bemalung sich eine ganz »neue« Figur entwickelt. (über »Farbliches Gestalten« siehe S. 62)

Schnitzen mit dem Schnitzeisen

Nach den ersten Übungen mit dem Schnitzmesser haben Sie jetzt Ihre ersten kleinen Figürchen zu Ihrer vollen Zufriedenheit aus dem Rundholz geschnitzt. Das war sozusagen die Pflichtübung im Schnitzen. Nun geht es quasi an die Kürübung, das heißt das Schnitzen aus

Das auf der Werkbank eingespannte Holz wird mit einem Eisen, hier einem Bohrer bearbeitet. Span für Span wird abgehoben. Hierzu können Sie z.B. das Hohleisen Stich 8/10 mm oder ein gerades Flacheisen Stich 3/16 mm verwenden (siehe Grundausstattung).
Arbeiten Sie immer vom Körper weg, um Unfälle zu vermeiden. Beim Einspannen auf der Hobelbank mit den Bankhaken vermeiden Hölzchen zwischen Werkstück und Bankhaken, daß Druckstellen auf der Schnitzerei entstehen.

dem Kantholz, auf das die proportionierten Zeichnungen übertragen worden sind. Die genaue Darstellung des Schnitzverlaufes finden Sie in der Bildfolge bei den Figuren Waldfrau, Nachtwächter und Förster. Der Vorgang des Schnitzens ist bei allen diesen Figuren gleich. Immer wiederkehrende grundlegende Abläufe und Techniken sind in diesem Abschnitt zusammengefaßt, den Sie sich besonders gut einprägen müssen.

Sie haben die wohlproportionierte Zeichnung Ihrer Figur von der Seite und von vorn fertiggestellt. Zuerst übertragen Sie jetzt die seitliche Ansicht auf ein Kantholz. Diese Form sägen Sie jetzt großzügig aus.

Erst jetzt übertragen Sie die Vorderansicht auf den »welligen« Untergrund.

Den auf diese Weise vorbereiteten Holzblock spannen sie jetzt auf die Hobelbank. Behelfsmäßig geht es auch mit dem Aufspannen mit einer Schraubzwinge auf einer stabilen Unterlage. Das Herausarbeiten aus dem Block - der Schnitzer sagt dazu das »Anlegen« - kann beginnen.

Ein paar Seiten weiter finden Sie bei den Figuren Waldfrau, Nacht-

wächter und Förster die Ergebnisse des Herausarbeitens in vielen Bildern. Die Abfolge des Herausarbeitens wiederholt sich immer wieder. Welche Eisen Sie im einzelnen benützen, ergibt sich aus der Größe und den Anforderungen an die Feinarbeit bei den einzelnen Figuren. Einige grundlegende Hinweise hierzu sind aber dennoch möglich.

Günstig für das Anlegen ist ein Bohrer von ca. 10 mm Breite. Sie umfassen die Klinge des Schnitzeisens mit der linken Hand, so daß vorn noch einige Zentimeter herausragen und stützen dabei die

Die gleiche Arbeit unter Zuhilfenahme des Klüpfels erfordert weniger Kraftaufwand, aber mehr sichere Beherrschung des Werkzeugs. Immer wieder an der Zeichnung nachkontrollieren, damit nicht zuviel Holz »weggestemmt« wird. Betrachten Sie Ihr Werkstück jetzt plastisch, d.h. Sie müssen es dreidimensional sehen und auch entsprechend anlegen. Bleiben Sie nicht zu »flächig«, sondern runden Sie die Kanten in einem Zug ab. Ihre Figur verliert ihre vier Seiten und wird ein Ganzes.

Hand am zu bearbeitenden Holz ab. Mit der rechten Hand wird das Heft des Eisens umfaßt - Heftende in der Innenhand. Jetzt wird das Eisen möglichst gerade, möglichst gleichmäßig durch das Holz geschoben.

Heben Sie am Anfang keinen zu großen Span ab. Wichtig ist, daß Sie Sicherheit in der Werkzeugführung erlangen. Setzen Sie einen Schnitt neben den anderen, bis Sie in etwa den vorgezeichneten Strich erreicht haben. Gehen Sie anfangs mit dem Herausstechen nicht zu weit an den Strich heran. Wegschneiden ist immer noch möglich, was aber einmal weggeschnitten ist, läßt sich nicht wieder einsetzen.

Nachdem die Figur von beiden Seiten grob angelegt ist, wird mit einem flacheren Eisen begonnen, die größeren Flächen der Figur glatter zu schneiden. Dabei müssen Sie besonders auf die einzelnen Formelemente achten, wie zum Beispiel linker Arm vorn oder rechtes Bein hinten, wo an den entsprechenden Seiten schon mehr Holz weggenommen werden kann. Wieviel abgehoben werden kann, ergibt sich aus der Zeichnung, die zum Vergleichen und Messen immer ablesbar bereit liegt.

Bestimmte Differenzierungen, Kinnspitze, Schulterhöhe, Hutkrempe, Mantellänge usw. können jetzt mit einem kleineren Bohrer angeschnitten werden, um die einzelnen Körper- und Kleidungsteile schon etwas deutlicher herauszuarbeiten.

Größere Flächen werden mit einem Flacheisen 3/16 mm glatt geschnitten. Wieviel Holz abgenommen wird, lesen Sie auch aus Ihrer Werkzeichnung ab, die immer bereit liegen soll.

Denken Sie immer daran, die einzelnen Formen richtig anzulegen, d.h. sie müssen im Größenverhältnis zueinander stimmen. Sie dürfen deshalb nicht nur

an einer Stelle etwas fertig arbeiten, sondern alle Seiten sollten möglichst das gleiche Stadium haben. So lassen sich Fehler noch gut korrigieren. Im Klartext: Nicht den Kopf fertig ausarbeiten, während Beine und Füße noch ein grober Klotz sind.

Bestimmte Einzelheiten können jetzt bereits mit einem kleineren Bohrer angeschnitten werden, z.B. Stich 11/10 mm. Es ergeben sich bereits plastische Formen der Skulptur. Nach wie vor wird auch das Flacheisen benötigt, um größere Flächen festzulegen. Sind alle Formen grob rausgehauen, kann die Figur auf die Schnitzschraube gesetzt werden.

Einspannen auf der Schnitzschraube

Nachdem die Figur soweit angelegt ist, wird sie auf die Schnitzschraube gesetzt. Das ist bei Figuren ab etwa 14 cm Höhe von großem Vorteil. Sie können dann die Eisen mit beiden Händen führen, haben eine bessere Übersicht über die Figur und können sie rundum gut bearbeiten.

Für Figuren von etwa 14 bis 30 cm Höhe hat sich eine kleinere, selbstgebaute Art bestens bewährt. Diese wird aus einer sog. Wiener Schrau-

Figuren etwa ab 14 mm Höhe werden zum Bearbeiten in eine Figuren- oder Schnitzschraube gespannt, die es in verschiedenen Ausführungen gibt. Das Bild zeigt eine Schnitzschraube für größere Figuren.

Mit Hilfe solcher Figurenschrauben läßt sich das Werkstück aufrecht stehend bearbeiten, mit dem sog. Schneeberger Winkel kann die Figur sogar in jede beliebige Stellung gebracht werden. Ihre Schnitzarbeit wird dadurch erleichtert, Proportionen werden besser wahrgenommen und Fehler schneller entdeckt.

Selbstgebaute Schnitzschraube aus einer sog. Wiener Schraube. Zum Aufnehmen (Aufspannen) der Schnitzschraube wird eine kräftige, vorn einge-

In den Sockel der Figur wird die Schnitzschraube eingedreht. Die Vorbohrung darf nicht zu groß sein, damit das Schraubengewinde noch fest ins Holz greift. Beim kleinen Sockel nicht

schlitzte Leiste benötigt, die wiederum in die Arbeitsbank (Hobelbank oder Arbeitsplatte) geschraubt wird.

zu tief bohren bzw. nur in Stellen der Figur, die später nicht freigelegt werden. Das Schnitzeisen kann sonst die Figurenschraube treffen.

be angefertigt. Der Schraubenkopf wird abgeschnitten, der Schaft mit einem Gewinde versehen und mit einer Mutter festgehalten.

In den Sockel der Figur wird ein Loch gebohrt, in das die Schnitzschraube eingedreht wird. Zum Aufspannen wird eine kräftige Leiste gebraucht, die vorne eingeschlitzt ist, um die Schnitzschraube aufnehmen zu können.

Diese Leiste wird in die Hobelbank gespannt oder auf die Arbeitsplatte geschraubt.

Wie die Fotos zeigen, kann die Figur in jede beliebige Stellung gebracht und überall ohne aufwendiges Ein- und Ausspannen daran gearbeitet werden.

In der Zeichnung sehen Sie eine Weiterentwicklung der einfachen Leiste, einen sogenannten Schneeberger Winkel. Dieser Winkel kann nochmals verstellt werden. Er hat sich in der Praxis als brauchbares Arbeitsmittel sehr gut bewährt.

Nachdem Sie die Schnitzschraube mit der Figur eingespannt haben, drehen Sie die Figur mehrmals hin und her, um festzustellen, wo Sie an der Figur arbeiten müssen.

Zur Erinnerung: Arbeiten Sie von Anfang an nicht mit zu kleinen Eisen. Es gibt eine Regel: Immer das größtmögliche Eisen benutzen, d.h. keine größeren und glatten Flächen mit einem kleinen Bohrer schneiden, da es die Übersicht erschwert und außerdem mehr Arbeit macht.

Betrachten Sie die Figur immer wieder einmal aus einem größeren Abstand, also nicht nur vom Arbeitsplatz aus. Nur so erhalten Sie einen Gesamtüberblick und können erkennen, wo Sie an der Figur noch Feinarbeit leisten müssen. Nur durch ständiges kritisches Betrachten erfahren Sie, wie Sie Ihre Figuren laufend verbessern können.

Die Feinarbeit erfolgt mit dem Schnitzmesser. Ihre ersten Erfahrungen damit haben Sie bereits beim Schnitzen der kleinen Figürchen aus dem runden Holz hinter sich.

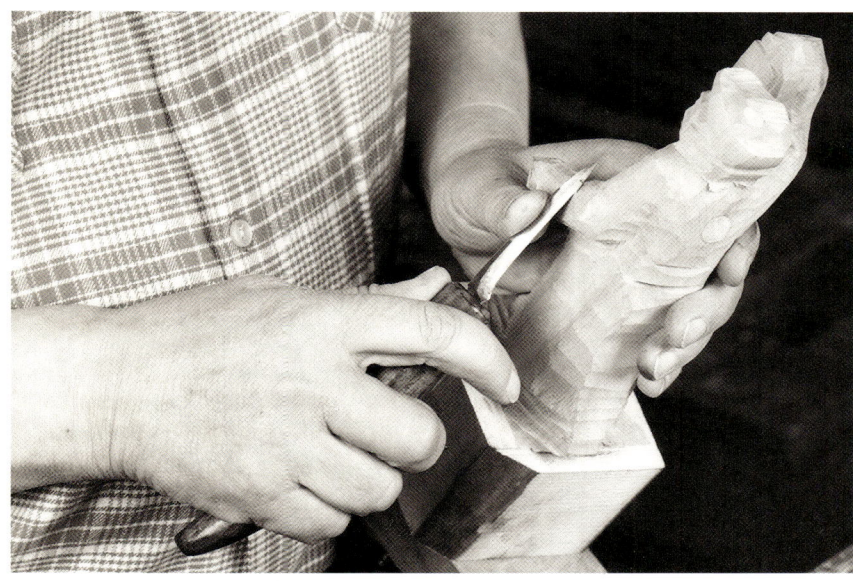

Auf der Schnitzschraube bzw. der Leiste kann die Figur bei der Bearbeitung beliebig gedreht werden. Am besten arbeiten Sie jetzt mit Schnitzeisen und Schnitzmesser. Beim Arbeiten mit Klüpfel und Eisen ist die Bruchgefahr, z.B. bei freistehenden Armen, zu groß.

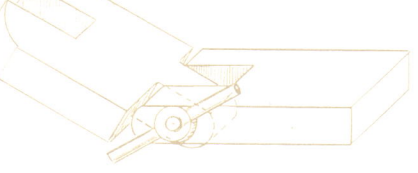

Beide Hände sind frei zur sicheren Führung des Eisens. Mit kleineren Werkzeugen werden die Details festgelegt und ausgearbeitet.

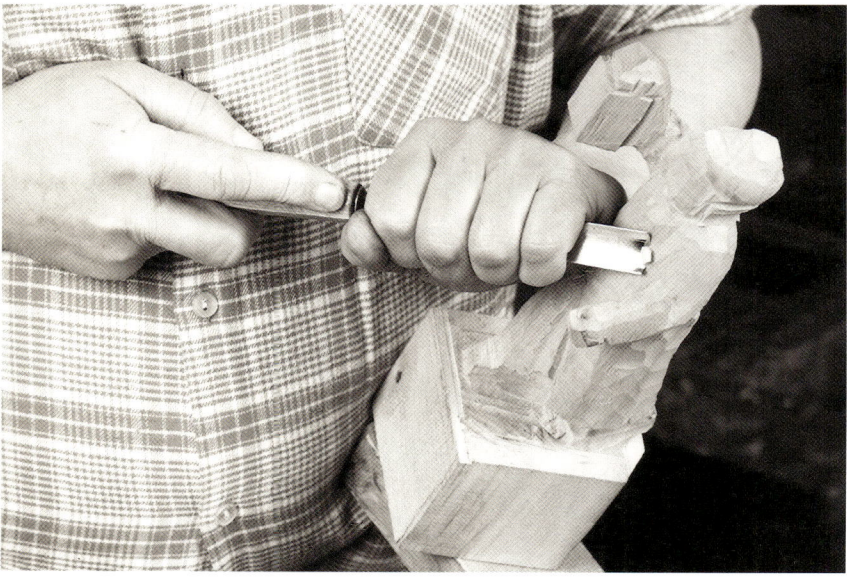

Figuren aus dem Kantholz

Kräuterfrau

Früher gehörte sie zum ländlichen Bild, heute hat sie Seltenheitswert: die Kräuterfrau. Sie sammelte Naturprodukte wie Kräuter und Beeren, die in Körben und Krügen zum Markt gebracht und dort für wenig Geld verkauft wurden.

Bei der Werkzeichnung ist besonders zu berücksichtigen, daß der Arm, der den Korb hält, nicht zu knapp gezeichnet wird, damit beim Schnitzen noch genügend Holz zur Verfügung steht.

Kräuterfrau. Proportionszeichnung von vorne. Etwa Originalgröße zu den Fotobeispielen. Da es sich um eine Proportionszeichnung handelt, kann die Vorlage selbstverständlich auch vergrößert oder verkleinert genutzt werden. Ist z.B. eine Einheit 2 cm hoch angesetzt, wird die Figur 8x2 cm = 16 cm hoch.

Kräuterfrau. Proportionszeichnung von der Seite. Achten Sie auf die leicht gebückte Haltung des Oberkörpers als Ausgleich zur schweren Trage. Sie können jederzeit eigene Ideen in die Detailzeichnung einbringen.

Diese Figur zeigt die Frau leicht nach vorn gebückt, denn der Korb wird auf dem langen Weg zum Markt immer schwerer. Versuchen Sie sich bei dieser Figur an einigen einfachen Varianten. Geben Sie z.B. den Korb in die eine und den Krug in die andere Hand.

Sie können auch die Kleidung verändern, indem Sie die Jacke verkürzen oder der Frau eine Schürze umbinden. Es gibt viele Möglichkeiten, eigene Vorstellungen an einer Figur zu verwirklichen. Das trifft natürlich sinngemäß auf alle hier vorgestellten Figuren zu. Wichtig ist nur, daß der Körper unter den Kleidern stimmt, anziehen können Sie die Figur wie Sie wollen. Die Kleidung muß natürlich mit dem dargestellten Typ übereinstimmen.

Befassen Sie sich auch mit dem Flechtwerk der Körbe. Es gibt viele verschiedene Flechtweisen. Probieren Sie aus, welche Technik sich schnitzerisch am besten darstellen läßt.

Die Figur der Kräuterfrau eignet sich sehr gut für eine lasierende Bemalung. Dadurch entsteht der Eindruck einer schon etwas abgetragenen Kleidung. Über die Bemalung siehe Abschnitt S. 62.

Varianten des beliebten Motivs »Kräuterfrau« in bemalten Fassungen siehe Seiten 22 und 62.

FIGUREN AUS DEM KANTHOLZ

Die Umrisse von der seitlichen Proportionszeichnung wurden grob aufgetragen und recht großzügig ausgesägt (geht gut mit einer Stichsäge). Der große Fußblock ist notwendig für das Einspannen auf einer Schnitzschraube.

Nicht ganz einfach ist das Übertragen der vorderen Umrißzeichnung auf den jetzt welligen Holzblock. Messen Sie dazu die Abstände auf Ihrer Proportionszeichnung, die Sie aufs Holz übertragen.

So sieht der mit den Umrißzeichnungen versehene Holzblock aus, bevor Sie ihn zum Anlegen (=Herausschnitzen) auf der Hobelbank einspannen. Man erkennt noch die Einzeichnung der seitlichen Grobform und die dazu passende Vorderansicht.

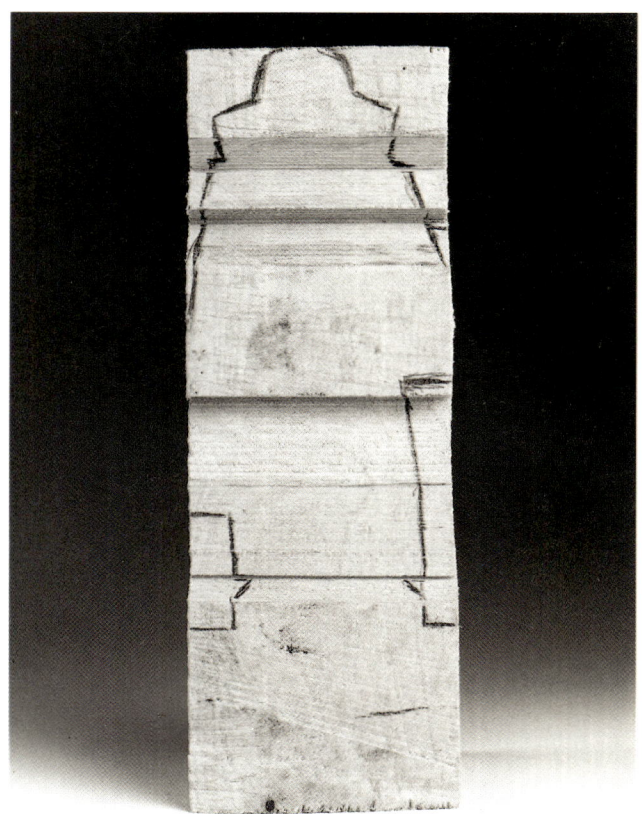

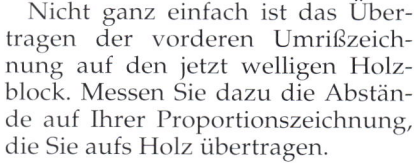

Beginnen Sie Ihre Schnitzarbeit auf der rechten Seite der Figur. Mit einem Balleisen, z.B. Stich 1/20 mm (Stich 3/20 mm ist evtl. sogar besser geeignet, da es durch seine leichte Krümmung nicht so schnell im Holz verkantet), wird der Arm an der eingezeichneten Linie abgesetzt. Lassen Sie noch genügend Holz stehen, um später die endgültige Form festzulegen. Der obere Teil des Armes wird zur Schulter hin abgeflacht. Kopf, Trage und Kleidung werden tiefer gelegt. Mit einem kleinen Bohrer wird die Vertiefung unter dem Rock eingearbeitet.

Arbeiten an der Vorderseite. Ebenfalls mit dem Balleisen werden Korb und linker Arm abgesetzt. Die rechte Seite der Brust wird etwas zurückgenommen, während Holz für das unter dem Kinn gebundene Kopftuch stehen bleibt.

Linke Seite der Figur. Weiter mit dem Balleisen arbeitend, werden der herausstehende Arm und Ellbogen abgesetzt. Kleid und Korb werden tiefer gelegt. Mit einem kleinen Flacheisen, z.B. Stich 3/10 mm, wird die Schulter zum Kopf hin abgeflacht. Mit einem Bohrer wird die Vertiefung des Rocksaums ausgearbeitet. Sie können dieses Teil aber auch vorsichtig mit der Bohrmaschine (siehe Bild) ausbohren.

Die Figur wird wieder auf die rechte Seite zurückgedreht. Der Korb wird leicht nach hinten verschmälert. Die Verbindung von Arm, Kopf, Schulter und Korb mit einem kleinen Flacheisen verbunden. Der Kopf wird etwas gerundet. Der Krug wird deutlich aufgezeichnet, seine Form seitlich leicht abgeflacht. Die Kleidung wird nach hinten und vorne bereits leicht abgerundet, um auf diese Weise die Verbindung zur Vorderansicht herzustellen.

Systematisches Vorgehen erleichtert das Lernen. Deshalb wird die Figur wieder zur Vorderansicht gedreht. So ist ein gleichbleibender Entwicklungsstand gewährleistet.

Mit einem kleinen Bohrer wird die Linie zum rechten Arm hin ein-

gekerbt. Von der Brust aus wird jetzt schräg zur Armkerbe hin gearbeitet. Der Rock wird seitlich abgeflacht. Der Korb wird abgerundet und es entsteht eine Fläche bis hin zum Ellenbogen. Auch der Kopf wird weiter gerundet.

Ähnlich sind die Arbeiten und die daraus resultierenden Ergebnisse der linken Seite. Mit einem kleinen Flacheisen wird die Verbindung zwischen abgerundetem Kopf, Schulter und Korb (Rücken) hergestellt. Der Oberarm wird rund geschnitten. Der untere Teil des Rocks zieht sich rund um die ganze Figur. Der zum Schritt ansetzende Fuß wird mit einem Bohrer, Stich 11/10 mm, bearbeitet und die Vertiefung unter dem Rockende weiter ausgehöhlt.

Nach den zwei gezeigten Grobschnitzphasen, jetzt bereits die ganz deutliche Ausarbeitung von Details an der Figur. Dazu setzen Sie die Figur am besten auf die Schnitzschraube. Mit einem Bohrer erfolgt der Durchbruch am Sockel zwischen den Füßen, und zwar vorsichtig von beiden Seiten zur Mitte hin. Jetzt haben sich bereits alle Seiten zu einem harmonischen, plastischen Ganzen vereinigt. Dabei wurde auch an der vorher schon klar ausgeschnittenen Rückenfront gearbeitet. Es beginnt die Detailarbeit mit dem Messer oder einem kleineren Eisen.

Mit kleinen Bohrern, Stich 11/2 mm und Stich 11/4 mm, zieht man die Mittellinie der Jacke. Die Taille wird deutlich herausgearbeitet, indem man von beiden Seiten kerbförmig etwas in die Tiefe geht. Mit dem kleinsten Bohrer werden Mund, Augen und Nase gearbeitet. Das gebundene Kopftuch läßt sich gut mit dem Schnitzmesser formen.

Das Flechtwerk der Rückentrage wird mit dem kleinen Bohrer, Stich 11/2 mm, eingekerbt. Sie können das Eisen sicherer führen, wenn die Figur noch auf der Schnitzschraube sitzt. Die langen Querrillen in den gleichen Abständen können Sie nur mit einem scharf geschliffenen Eisen ziehen, da sonst das Holz splittert. Die kurzen senkrechten Rillen ergeben dann das Muster des Flechtwerks. In der gleichen Weise erarbeiten Sie das Muster des Henkelkorbes.

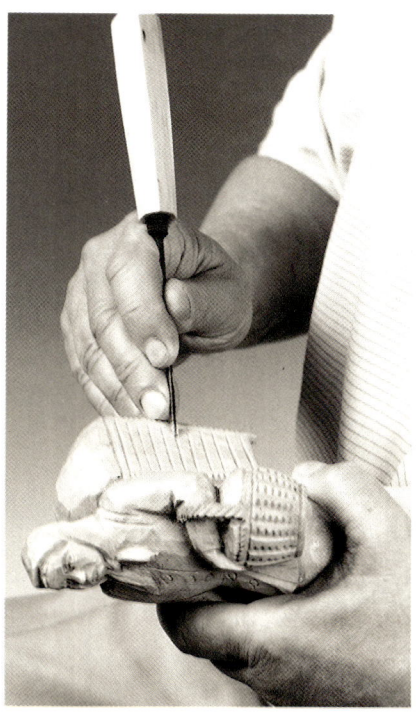

Die rechte Seite der Kräuterfrau.
Der letzte Schliff beginnt. Den Faltenwurf des Rockes kerben Sie mit
einem Hohlbohrer, z.B. Stich 9/16
mm. (Anschauungsmaterial über
Faltenbildung haben Sie täglich um
sich. Auch Fotos und künstlerische
Darstellungen können das Auge
schulen).

Die Falten am Kopftuch, dem
Tuch auf der Trage und an den Stiefeln entstehen mit einem Gaißfuß,
Stich 41/10 mm. Auch die Tragerie-
men des Korbes sind damit herausgearbeitet. Auch hier gilt: Nur mit
einem absolut scharfen Eisen arbeiten.

Mit glatten Schnitten wird die Figur sauber gearbeitet. Die Knöpfe sind mit dem Schnitzmesser eingekerbt. Vorsicht beim kleinen Durchbruch am Tragekorb: Mit größter Aufmerksamkeit arbeiten Sie mit einem kleinen Hohleisen abwechselnd von beiden Seiten, bis die Öffnung erreicht ist. Der kleine Henkel wird - aber nicht zu dünn - eingearbeitet und mit einem Bohrer, Stich 11/2 mm, verziert. Für die großen Mundfalten nehmen Sie ein Hohleisen, für die Falten an der Stirn und die Haare einen Gaißfuß.

Das abschließende Bild dieser Schritt-für-Schritt-Entwicklung zeigt die fertig ausgearbeiteten Details der linken Seite der Figur.

Förster

Eine sehr beliebte Figur zum Schnitzen ist der Förster, der hier gleichzeitig auch Jäger ist und sich auf einem Pirschgang befindet.

Bevor das Holz ausgewählt wird und vor dem Beginn des Schnitzens wird zuerst die Werkzeichnung angefertigt. Überlegen Sie wie groß die Figur werden soll. Danach richtet sich auch die Größe Ihrer Zeichnung und der Holzbedarf.

Bei dieser Figur empfiehlt es sich, die Seitenansicht von rechts (in Gehrichtung der Figur) zu zeichnen, um die Haltung der Flinte besser erkennen zu können.

Nachdem Sie die Seitenansicht der Figur als Werkzeichnung umrissen und eventuell notwendige Korrekturen ausgeführt haben, wird diese Vorlage großzügig ausgeschnitten und auf das Holz übertragen. Nachdem Sie den Figurenumriß mit der Bandsäge ausgeschnitten oder mit dem Hohleisen ausgestochen haben, wird die Vorderansicht in gleicher Weise aufgezeichnet und anschließend als großer Umriß ausgearbeitet. Hier ist es besser, nur mit dem kleinen Hohleisen zu arbeiten, da für das Aussägen keine sichere Auflage mehr vorhanden ist.

Wenn Sie diese Vorarbeiten sauber und exakt ausgeführt haben, zeichnen Sie Arme und Beine nach der Vorlage auf den Rohling und arbeiten diese Teile aus dem Block heraus. Haben Sie bisher auf der Hobelbank oder Ihrer Arbeitsplatte gearbeitet, so ist es jetzt günstiger, die Figur auf die Schnitzschraube zu nehmen. Dadurch können Sie mit beiden Händen die Schnitzeisen führen, so daß die Schnitte sicherer und gefahrloser werden. Außerdem gewinnen Sie einen besseren Überblick über die Figur. Eventuelle Fehler werden schneller und besser erkannt.

Nun beginnen Sie die einzelnen Körperteile und die Beigaben genauer herauszuarbeiten. Welches Eisen für diese Arbeiten am besten ist, richtet sich nach der Größe der Figur und natürlich auch nach Ihrer Ausrüstung. Im Allgemeinen gilt: Das größtmöglichste Eisen benutzen, um nicht durch den Gebrauch von zu kleinen Schnitzeisen die Oberfläche unruhig und unübersichtlich zu gestalten.

Zur Erinnerung: Nicht an einer Stelle bereits Details herausarbeiten, sondern zuerst der ganzen Figur nach und nach die endgültige Form der Körperteile geben. Erst wenn die große Form steht, werden die Einzelheiten fertiggeschnitzt.

Förster. Proportionszeichnung Vorderansicht mit der 8teiligen Gliederung.

Förster. Proportionszeichnung Seitenansicht rechts. Diese Seitenansicht wurde als die »schwierigere« gewählt, um die Haltung der Flinte besser erkennen zu können. Im Gegensatz zu der unter der Last der schweren Trage gebückten Kräuterfrau (siehe S. 28, rechte Zeichnung) geht der Förster absolut aufrecht.

Während der Feinarbeit kontrollieren Sie an Hand Ihrer Vorlage bestimmte Punkte an der Figur, die ausgearbeitet, aber nicht »weggeschnitzt« werden dürfen: Kinnspitze, Bartende, Schulterhöhe und Schulterbreite, Ellenbogen, Kniehöhe usw. Diese Punkte markieren Sie immer wieder mit Bleistift auf Ihrer Schnitzarbeit. Dadurch übersehen Sie nichts, gewinnen Sicherheit und vermeiden grobe Fehler.

Benutzen Sie beim Anlegen der Einzelheiten nicht das Schnitzmesser, sondern einen kleinen Bohrer. Der Schnitt wird sauberer und ein Fehler läßt sich besser korrigieren.

Viele Fehler können Sie auch vermeiden, wenn Sie Ihr Werk aus einem größeren als den Arbeitsabstand betrachten. Schauen Sie sich die Figur aus ein bis zwei Meter Entfernung von allen Seiten kritisch an, und Sie werden schnell feststellen, was noch verbesserungsfähig ist.

Wenn Sie diese Kontrolle durchgeführt und eventuelle Fehler beseitigt haben, werden die letzten Details geschnitzt. Tabakspfeife, Bart, Gesicht, Flinte, Hände usw. werden jetzt vollendet.

Als letzte Arbeit wird der Sockel auf die gewünschte Höhe zugeschnitten und nach Ihrem Geschmack gestaltet.

Die »schwierigere« Seite mit der herausgeschnitzten Flinte.

So einfach sieht der Umriß des Försters mit der Flinte aus, wenn er auf das Kantholz übertragen wurde.

Das ist die ausgesägte Form. Man schafft sie schnell mit der Bandsäge, der elektrischen Stichsäge - und mühsam mit einer Handsäge. Es sei denn, Sie haben einen freundlichen Schreiner in der Nähe oder Freunde mit einer gut ausgerüsteten Hobbywerkstatt.

Wie bereits bei der Waldfrau gesagt: Erst den Seitenumriß aussägen, bevor die Vorderansicht übertragen wird.

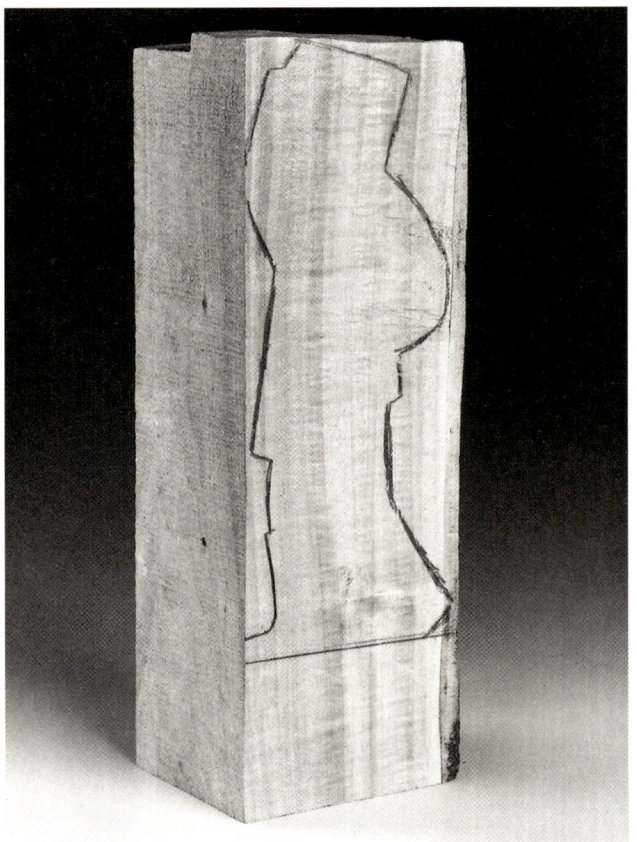

...und so sieht der Förster aus, wenn auf den bereits ausgesägten Holzblock die Vorderansicht übertragen wird.

Beginnen Sie mit dem Wegarbeiten des Holzes wie bei der Kräuterfrau. Oberarm und Schulter werden mit einem Flacheisen, Stich 3/16 mm, flach abgeschrägt, ebenso der Rückenteil vom Nacken zum Rucksack. Mit einem Hohleisen wird das rechte Bein freigearbeitet und das Holz links davon weggeschlagen. Lassen Sie aber noch ausreichend Holz stehen, damit noch Spielraum für die endgültige Form bleibt.

Bei der linken Seite wurd in der gleichen Weise vorgegangen wie bei der rechten. Das Holz von dem linken Bein wurde - um die Schrittbewegung zu betonen - bereits weggearbeitet. Die Seiten sind mit einem Flacheisen abgeschrägt und die Jacke von der Hose abgesetzt, um Konturen hervorzuheben.

Weitere Grobarbeiten wurden bereits ausgeführt. Für die Detailarbeiten in diesem Stadium ist die Figur bereits auf der Schnitzschraube befestigt. Alle wichtigen Maße der Figur wie Arme, Beine, Kleidung, Flinte, Kopf, Rucksack, Bart, Stiefel sind grob festgelegt.

Den Durchbruch an den Beinen schafft ein kleines Hohleisen, z.B. Stich 9/8 mm. Es wird wieder von beiden Seiten gearbeitet. Darauf achten, daß der linke Schuh als Holzmasse stehenbleibt. Alle Seiten werden mit einem kleinen Flachei-

sen, z.B. Stich 4/14 mm, harmonisch zusammengefügt. Die Kanten von Hut, Händen, Stiefeln usw. werden mit einem Hohleisen gezogen. So bleibt noch Spielraum für letzte kleine Änderungen.

Die Vorderansicht zeigt die bereits entstandenen Strukturen des Gesichts, die mit einem kleinen Bohrer angelegt wurden. Die Öffnung zwischen den Beinen wird von dieser Seite aus noch etwas erweitert. Die Jacke ist als straffe Form gearbeitet, d.h. sie zieht sich nach beiden Seiten gespannt über den Oberkörper.

Mit dem Gaißfuß legen Sie einige Falten wie Armbeuge oder Kniegelenke fest. Die Pfeife bleibt bis zur endgültigen Bearbeitung als kleine Holzmasse oberhalb der linken Hand stehen. Ein nicht zu schmaler Holzsteg muß dabei bis zum Mund führen. Für das grobe Herausarbeiten des (noch) rechteckigen Pfeifenkopfes nehmen Sie ein kleines Flacheisen, Stich 4/14 mm.

Die Feinarbeit beginnt. Sie brauchen den Bohrer, Stich 11/2 mm und 11/4 mm, Gaißfuß, Flacheisen und Schnitzmesser.

Mit dem kleinen Bohrer wird vorsichtig der Durchbruch am Pfeifenrohr geschaffen. Dann werden Pfeifenrohr und Pfeifenkopf mit dem Messer sauber geschnitten.

Sowohl die groben Hände als auch die feineren Haare werden mit dem Gaißfuß oder dem Bohrer gekerbt. Die Flinte wird mit dem Messer sauber geschnitten. Für Sie bereits selbstverständlich: In diesem Bearbeitungsstadium ist die Benützung des Klüpfels tabu!

Weitere Arbeiten: Auch für die Bartgestaltung nehmen Sie den Gaißfuß, für die Knöpfe an der Jacke das Schnitzmesser. Das benutzen Sie auch beim leichten Abrunden der Hutkanten, die schnell abbrechen können. Also Vorsicht!

Das abschließende Bild zeigt diesmal die »einfachere« Seite der Figur. Bemerkenswert der leicht verzierte Sockel, der in der sog. Wackeltechnik bearbeitet wurde. Dabei wird ein flaches Eisen Stich 4 bis 6 über die Hirnfläche geführt und abwechselnd rechts und links verkantet.

Nachtwächter

Etwas schrullig wirkend, mit Laterne und Hellebarde als Insignien seines in dieser Form ausgestorbenen Berufs, so präsentiert sich unser Nachtwächter. Lebend können Sie ihn ab und zu auf einem historischen Fest entdecken.

Bei der Schnitzarbeit stellt er einige Anforderungen - z.B. beim Ausschnitzen der Laterne, beim Beindurchbruch oder bei der Hellebarde. Es sind aber alles Arbeiten, die nach der Vorarbeit an den anderen Figuren ohne weiteres zu bewältigen sind.

Der Mann aus der »guten, alten Zeit, als die Welt noch in Ordnung war«

NACHTWÄCHTER

Entwurfszeichnung des Nachtwächters, Seitenansicht. Alle Elemente der Grundhaltung sind hier enthalten, wenn auch die Endausführung ein ganz anderes Bild ergeben kann. Gravierendste Änderung an der endgültig geschnitzten Figur: Der Umhang wurde zum Mantel, ein Rauschebart bedeckt das Gesicht (siehe Bild S. 55).

Die Zeichnung der Vorderansicht fehlt noch, denn...

Entwurfszeichnung Nachtwächter, Vorderansicht.

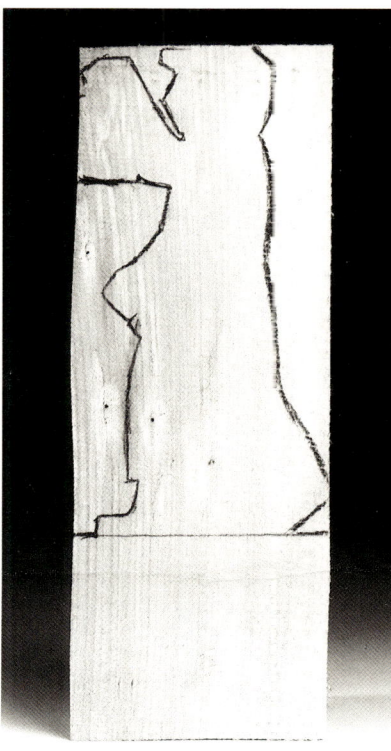

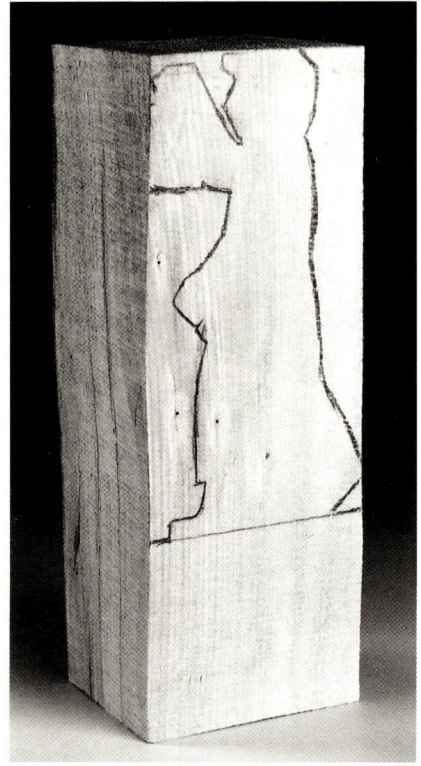

Das ist der grobe Umriß des Nachtwächters auf dem Block. Der Umriß der Lampe ist gut erkennbar. Die Hellebarde wird am Schluß der Arbeiten hinzugefügt.

...zuerst wird die Form der Figur nach der Seitenansicht ausgesägt.

Jetzt erst folgt die Ansichtszeichnung von vorn.

So sieht der vorbearbeitete Block aus, bevor er zum Schnitzen eingespannt wird.

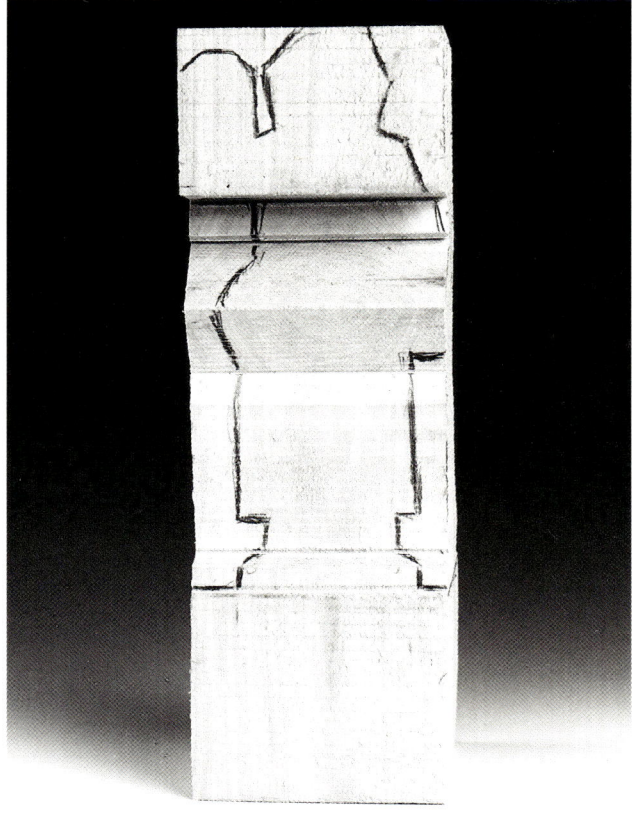

Grobbearbeitung mit einem Hohleisen, Stich 8/20 mm, und dem Klüpfel. Beachten Sie, wie weit die linke Hand das Eisen fest umfaßt. Bei dieser Arbeit wird das Holz bis fast zur Grobzeichnung schnell abgetragen. Für jede Seite wird die Figur neu eingespannt. Dabei ist selbstverständlich, daß die »Kopfseite« noch nicht bearbeitet werden kann, weil sonst das Einspannen nicht mehr möglich wäre.

So präsentiert sich die Figur nach dem seitlichen Grobabtragen. Einige »Sägeformen« am Rücken und am Kopf und Lampe stehen noch. Ab diesem Stadium kann die Figur auf der Schnitzschraube für die weitere Bearbeitung befestigt werden. Sie haben jetzt eine bessere Übersicht, um die einzelnen Massen- wie hier den Kopf - festzulegen. Die Bearbeitung erfolgt jetzt in der gleichen Weise wie bei der Kräuterfrau bzw. beim Förster beschrieben.

Beginnen Sie mit einem Flacheisen Stich, 3/16 mm. bzw. Stich 3/20 mm, um das restliche Holz wegzuschlagen. Vorsicht, damit der Arm mit der Laterne und das Blashorn an der Seite erhalten bleibt. Der erhobene Arm wird bis zum Kopf hin **gerade** gearbeitet. Das Holz hinter dem rechten Fuß schlagen Sie mit einem Hohleisen, z.B. Stich 10/10 mm weg.

Nur der am weitesten vorstehende Teil der Figur - die Lampe - ist noch unbearbeitet. Sie kann nur mit dem Eisen oder Messer beschnitzt, nicht bildhauerisch mit Hilfe des Klüpfels bearbeitet werden. Es besteht sonst die Gefahr des Abbrechens.

Die weitere Bearbeitung wird fortgesetzt an den am weitesten nach außen ragenden Massen. Hier ist es deutlich die Hand. In der Seitenansicht im nächsten Bild ist das deutlich das Horn, das rechte Knie und der nach hinten ragende Fuß.

Hier ist die ursprüngliche Zeichnung des Armes sichtbar, als am weitesten nach außen reichendes Seitenteil.

Man kann nachvollziehen, wie vom Knie ab eine Fläche nach hinten und bis hoch zum Hals hin bearbeitet wurde. Mit dem Flacheisen, Stich 3/16 mm, wurde das Holz seitlich weggeschlagen und so die einzelnen Seiten verbunden.

Der Kopf wird seitlich abgeflacht und erst später gerundet.

Die nächste Stufe der Arbeit legt bereits einige Details fest: Kragen, Kopfbedeckung, Horn. Die Figur wird mehr und mehr gerundet, um sie als Einheit erfassen zu können.

In diesem Grobstadium erfolgt die Bohrung in der Hand zur Aufnahme der Hellebarde. Ist der Arm nämlich weiter beschnitzt, kann er beim Bohren leichter abbrechen. Auch von vorne wird die Figur mit einem Flacheisen, Stich 3/16 mm, flächig verbunden, d.h. fließende Übergänge zwischen den einzelnen Teilen wie Schulter und Brust geschaffen. Die Teilung des Mantels geschieht mit dem Gaißfuß oder Bohrer, Stich 11/4 mm, mit einem Hohleisen Stich 10/12 mm, werden Hals, Armbeugen u.ä. angedeutet.

In dieser Stufe ist jetzt auch die äußere Armseite bereits leicht **form**geschnitzt. Jetzt müssen nur noch die einzelnen Flächen in **eine** Form gebracht werden, in der die Proportion stimmt, d.h. die Figur muß straff ausgearbeitet werden.

Lassen Sie jetzt die Arbeit ruhig auch einmal ein oder zwei Tage ruhen. Nach dieser »Kunstpause« sehen Sie das eine oder andere Detail plötzlich deutlich - und das, was verbesserungswürdig ist.

Letzte Feinarbeiten an der Figur. Mit dem Bohrer, Stich 11/2 mm, wird z.B. das Gesicht ausgeformt und alle fransigen Kanten sauber geschnitten.

Mit dem Gaißfuß werden Bart, Haare und Laterne verziert. Andere Flächen, z.B. von Hut, Armen, Beinen, Mantel werden noch mit dem Schnitzmesser glatt geschnitten.

Die Hellebarde besteht aus einem Stück. Die Grobform kann auch mit der Laubsäge ausgeschnitten und dann beschnitzt werden.

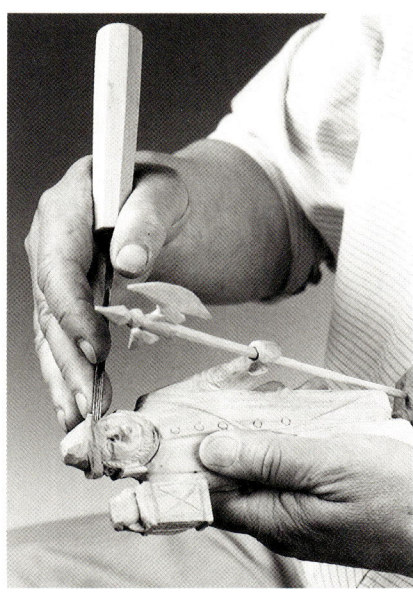

NACHTWÄCHTER

Falls Ihre Schnitte noch nicht ganz sicher sitzen, empfiehlt es sich, die zu schnitzenden Details auf dem Holz vorzuzeichnen. Auf diesem Bild betrifft das u.a. den Gurt des Hornes oder die Strukturen auf der Laterne, die dann mit dem Gaißfuß geschnitten wurden. Den benutzen Sie auch, um die Falten der Armbeuge und des oberen Rückens einzukerben. Nur der hintere Faltenwurf wird mit einem Hohlbohrer, Stich 8/12 mm, gearbeitet.

Sehr lebendig wirkt die Figur im Schreiten, was durch das umgeschlagene Mantelunterteil auch bei der Sicht von vorn ausgelöst wird.

Besonders schwungvoll erscheint der Mantel dann, wenn Sie mit einem kleineren Flacheisen, Stich 4/8 mm, entlang der Maserung von oben runter schneiden. Führen Sie das Eisen aber nur mit der Hand. So biegt sich der Mantel schön rund bis zur mittleren Einkerbung.

Auf diesem Bild wird die Einheit aller Bewegungen besonders deutlich: Die angehobene freigeschnitzte Ferse des linken Beines, die schräg geführte Hellebarde und der bereits erwähnte zurückgeschlagene Mantelsaum. Die hochgetragene Lampe und der leicht nach hinten geneigte Kopf und hochgestellte Mantelkragen verstärken diesen Eindruck.

Vorlagen für einfache kleine Figuren

Zum Einüben werden hier drei populäre Schnitzmotive in den Entwurfszeichnungen und mit dem Endergebnis gezeigt:
Holzsammlerin
Pilzsammler
Waldmann.

Alle Figuren stehen auf einer angeschnitzten flachen Rundplatte. Diese flachen Rundplatten sind besonders dann von Vorteil, wenn man mehrere Figuren zu einer Gruppe zusammenstellen will.

Die erste Figur der Holzsammlerin ist am einfachsten zu schnitzen, da der Aufbau des Oberkörpers fast symmetrisch ist. Schwierigster Teil ist hier das Freischnitzen der Füße bzw. des Beines.

Etwas anspruchsvoller sind die Figuren des Pilzsammlers und Waldmannes. Sicherlich fällt Ihnen auf, daß auch hier wieder Abweichungen zwischen der Entwurfszeichnung und der endgültigen Ausführung der Figuren vorliegen. Solche Abweichungen sind einerseits durch die Arbeit am Holz bedingt, weil sich durch ein »Verschnitzen« immer wieder kleine Korrekturen ergeben, die zu anderen Lösungen zwingen oder während des Schnitzens einfach neue Ausführungsideen entstehen (z.B. die geänderte Bohrung für den Holzstock: Geplant war laut Zeichnung eine Bohrung von oben für einen Knotenstock, Ausführung dann eine Bohrung von vorn für einen Stock mit Griff).

Holzsammlerin, Entwurfszeichnung von vorn.

Holzsammlerin, Entwurfszeichnung von der Seite.
Wie bei der die Last tragenden Kräuterfrau (siehe Seite 28) ist der Oberkörper nach vorn gebeugt.

Holzsammlerin

Was in der Entwurfszeichnung, vor allem in der Seitenansicht, fast »lieblich« erscheint - ein zufriedener, jugendlicher Gesichtsausdruck einer munter ausschreitenden Holzsammlerin - wird in der endgültigen Ausführung in Holz zu einer realitätsnahen Gestaltung: eine von der Härte ihrer Arbeit gezeichnete ältere Frau, die sich leicht gebückt unter der Last der Holztrage vorwärts bewegt.

Es ist ein Bild aus einer Zeit, die häufig romantisch verklärt dargestellt wird, die aber bei genauer Betrachtung gar nicht dem Bild von der »guten alten Zeit« entsprechen will.

Von den 3 kleinen Übungsfiguren (mit der dünnen Standplatte) ist diese Holzsammlerin am einfachsten zu schnitzen. Die Figur ist sehr symmetrisch aufgebaut, und es gibt kein kompliziert zu beschnitzendes Beiwerk.

HOLZSAMMLERIN

Holzsammlerin, fertige Figur von der Seite.

Holzsammlerin, fertige Figur von vorn. Starke Symmetrie im oberen Teil der Figur. Achten Sie beim Schnitzen des flachen Sockels, daß er nicht abbricht. Also den Rand nicht zu dünn werden lassen.

Pilzsammler, Entwurfszeichnung von vorn.

Pilzsammler, fertige Figur von vorn, die weitaus dynamischer in der Bewegung ist als die Entwurfszeichnung von vorn.

Pilzsammler

Auch der Pilzsammler ist eine Figur aus dem Waldmilieu, die sehr gern geschnitzt wird. Hier ist er dargestellt, wie er mit seinem gesammelten Pilzen bereits wieder auf dem Heimweg ist. Man sieht es ihm an, daß er mit der Ausbeute zufrieden ist.

Wir beginnen wieder mit der Werkzeichnung, zuerst mit dem Körper und dann mit der Kleidung. Weil der Pilzsammler noch einiges im Rucksack trägt, muß er sich etwas nach vorn beugen. Seine Kleidung ist einfach und bequem.

Schnitzen Sie den Spazierstock extra, weil es bedeutend einfacher ist als ihn aus dem Ganzen herauszuarbeiten.

Nachdem Sie Ihre Werkzeichnung überprüft und ausgeschnitten haben, arbeiten Sie zuerst die Seitenansichten und Vorderansicht aus dem Block heraus.

Legen Sie sicherheitshalber immer wieder die Vorlagen auf den Holzblock und zeichnen Sie die wichtigsten Konturen nach. Achten Sie

Pilzsammler, Entwurfszeichnung von der Seite links.
Es ist die »aufwendigere« Seite mit dem Korb.

dabei auf Schulterhöhe und -breite, denn wenn Sie hier zuviel abnehmen, ist eine Korrektur nur noch schwer möglich.

Dann werden die Beine einzeln herausgearbeitet. Bei der Schrittstellung ergibt sich ein mehr gerades Bein, das den Körper stützt und das mehr abgewinkelte und sich bewegende Bein. Nicht zu zeitig den Freiraum zwischen den Beinen durchbrechen. Es gibt eine Schnitzerregel, die besagt: Durchbrüche werden nicht vorzeitig hergestellt, sie müssen sich beim Schnitzen ergeben.

Die Hand, die den Spazierstock hält, bleibt bis zuletzt etwas größer und ohne Einzelheiten stehen. Erst zum Schluß wird der Stock ange-

setzt und die Hand fertig geschnitzt.

Wenn Sie Schwierigkeiten beim Schnitzen der Pilze haben (Hirnholz ist schwerer zu schnitzen), arbeiten Sie die Korboberseite gerade und setzen dann kleine geschnitzte Pilze ein.

Arbeiten Sie jetzt in der gleichen Weise wie bei der Figur »Förster« beschrieben.

Pilzsammler, fertige Figur von rechts.
Bei der Ausarbeitung dieser Figur besonderes Augenmerk auf den rechten Arm legen, der leicht abbrechen kann.

Waldmann

Als Waldmann wird in waldreichen Gegenden der Waldarbeiter bezeichnet. Gerade in diesem Beruf hat die Technisierung sehr große Veränderungen bewirkt. Durch den Einsatz von Maschinen und Geräten (Motorsägen und Transportfahrzeuge) hat sich der Arbeitsablauf und Ausrüstung des Waldarbeiters grundsätzlich geändert.

Bei unserer Schnitzfigur haben wir es noch mit dem alten Waldarbeiter zu tun, wie er ungefähr bis zum zweiten Weltkrieg im Forst tätig war.

Die Figur ist bekleidet mit einem breitkrempigen Hut als Regenschutz, derber Jacke und Hose, Stiefeln und einer langen Schürze. Die Kleidung muß einfach und bequem geschnitten sein, um als Arbeitskleidung erkenntlich zu sein.

Auf dem Rücken trägt er das typische Ausrüstungsstück des Waldarbeiters - die Kiepe. Das ist ein einfaches Tragegestell aus Holz, mit seitlicher Verstrebung. Im Unterteil befindet sich ein Schubkasten, in dem der Waldmann das Schärfwerkzeug - Feile und Wetzstein - aufbewahrte. Auch das Frühstück wurde dort untergebracht. Häufig hing an der Seite noch eine Kaffeeflasche.

Am Rückenbrett der Kiepe befindet sich ein Seil oder ein Riemen , der das Holz zusammenhält.

Bei der Säge handelt es sich um eine Bügelsäge mit Holzbügel. Die Axt hat einen langen Stiel. Im Gegensatz zum kurzstieligen Beil, das nur zum Holzhacken benutzt wird, mußte der Waldmann beim Baumfällen unmittelbar über der Wurzel den sogenannten Fällkeil herstellen. Diese Arbeit wurde im Stehen ausgeführt, deshalb der lange Stiel.

Zur persönlichen Ausrüstung gehörten eine Tabakspfeife - Mücken und Fliegen bleiben dadurch fern - und ein fester, oft selbstgeschnitzter Stock. (Für unsere Schnitzfigur wurde nur ein Teil der persönlichen Ausrüstung übernommen, um die Schnitzerei nicht zu schwierig zu gestalten). Zum Feierabend wurden in der Kiepe starke Äste nach Hause transportiert, das war das sogenannte Deputat. Es war eine weitverbreitete Sitte, daß in der Land- und Forstwirtschaft Beschäftigte einen Teil ihres kargen Lohnes in Naturalien ausgezahlt bekamen.

Geschnitzt muß die Haltung der Figur der geleisteten Arbeit entsprechen, also leicht gebückt sein. Man soll aber auch spüren, daß der Mann sich freut, nach Hause zu kommen. Die Hände nicht zu klein anlegen, damit auch dort die schwere Arbeit demonstriert wird.

Die Schürze kann über oder unter der Jacke getragen werden. Die Tabakspfeife ist eine halblange sogenannte Jägerpfeife mit Deckel, der die Brandgefahr im Wald verhindert.

Bei der Anlage nicht vergessen, den Tragegurt an der Kiepe mit zu schnitzen. Wird er nicht am Anfang mit angelegt, ist es später sehr schwer, den Fehler zu korrigieren.

Waldmann, Entwurfszeichnung von vorn.

Waldmann, Entwurfszeichnung von links.

Waldmann, fertige Figur von links. Gegenüber dem Entwurf wird ganz deutlich, daß der Arm stärker angewinkelt wurde und die Pfeife fast in der Hand integriert ist. Diese formale Änderung schafft eine kompaktere und weniger zerbrechliche Figur.

Die Ausarbeitung des Gesichtes ist hier gut gelungen. Die endgültige Figur erscheint fast massig aufgrund des kurzen Halses auf dem der Kopf mit dem energischen Gesichtsausdruck sitzt.

Farbliches Gestalten

Das farbliche Gestalten von Holzfiguren, fachsprachlich auch »Fassen« genannt, ist seit Jahrhunderten vor allem in der kirchlichen Kunst, aber auch in vielen Regionen in der Volkskunst verbreitet.

Dazu bieten sich zwei Möglichkeiten an und zwar die deckende und die lasierende Bemalung.

Deckende Bemalung

Sie empfiehlt sich dann, wenn das Holz der Figur unschöne Flecken oder Farbunterschiede aufweist oder Holzteile angesetzt sind. Aber auch andere Gründe können eine deckende Bemalung erforderlich machen, z.B. wenn die Figur die Farbigkeit des Vorbildes wiedergeben soll (z.B. Bergmann- und Trachtenfiguren). Für die deckende Bemalung können Sie z.B. Acryl-, Plaka- oder eine deckende Holzfarbe benutzten.

Lasierende Bemalung

Sie wird dann gewählt, wenn keine starke Farbigkeit gewünscht wird. Das Holz scheint bei dieser Art der Bemalung durch und sollte deshalb eine gleichmäßige Struktur aufweisen. Am besten eigenen sich wasserlösliche Farben oder eine dünne Ölfarbe, die aber erst an einem Holz der gleichen Art ausprobiert werden muß, um die Wirkung der Farbmischung feststellen zu können.

Allgemein gilt, daß wasserlösliche Farben sehr gut zu verarbeiten und umweltfreundlicher sind als Farben mit chemischen Lösungsmitteln, die nicht so problemlos zu entsorgen sind.

Kaufen Sie immer nur die Grundfarben, denn die Zwischentöne können Sie selbst mischen. Verschließen Sie nach Gebrauch diese Gefäße sorgfältig, da die Farben sonst schnell hart werden und nicht in allen Fällen wieder aufzulösen sind. Auch die selbstangemischten Farben können Sie in kleinen Gefäßen gut verschlossen aufbewahren.

Pinsel

Für die Figurenbemalung eignen sich besonders gut Marderhaar-Pinsel, und zwar Spitzpinsel in verschiedenen Größen. Diese Pinsel sind geleimt und müssen vor Gebrauch erst in Wasser ausgewaschen werden. Achten Sie darauf, daß der Pinsel immer seine Spitze behält. Legen Sie ihn nach dem Auswaschen und zum Aufbewahren in eine flache Schale, denn wenn Sie die Pinsel mit der Spitze nach unten in ein Glas stellen, verbiegen sie sich oder die Haare spreizen sich und die Pinsel ist nicht mehr zu gebrauchen.

Halten Sie sich an den Grundsatz: Immer das größtmögliche Werkzeug benutzen. Wenn Sie einen größeren Pinsel mit einer feinen Spitze benutzen, können Sie viel flotter arbeiten als mit einem kleinen, der nur wenig Farbe aufnimmt und den Sie oft eintauchen müssen.

Maltechnik

Grundsätzlich wird mit der hellsten Farbe begonnen. Günstig ist es, wenn Sie in der folgenden Farbe einen Teil der vorhergehenden beimischen, was eine angenehme Tönung ergibt. Sowieso empfiehlt sich, die Farben immer etwas zu brechen, d.h. also nicht so zu benutzen wie sie aus der Tube oder Dose kommen, sondern für die jeweilige Figur zu mischen.

Mit der helleren Farbe werden die Schnittkanten der darüberliegenden Teile mit bemalt und dann mit der dunkleren die Kanten nachgezogend. Noch ein Tip: Wenn es darauf ankommt, genaue Linien oder Dekors zu malen, muß die Figur auf der Tischplatte richtig aufliegen oder aufgespannt sein und auch der Unterarm oder das Handgelenk muß fest aufliegen. Wenn Sie näm-